大学1年生からの
プロジェクト学習の始めかた
Project/Problem Based Learning

常盤拓司
TOKIWA Takuji

西山敏樹
NISHIYAMA Toshiki

慶應義塾大学出版会

はじめに

　本書は、授業で「プロジェクトをやります」と言われどうしたら
よいかわからない大学の学部1年生、2年生の皆さんを対象に、「プ
ロジェクトとは何か、何をどうすればよいか」について基本的な
ことをまとめ、理解してもらうことを目標としている。近年、大
学の初年次教育（学部1年生、2年生）で PBL が導入されることが
多くなった。PBL は Project Based Learning または Problem Based
Learning の略である。「P」に2通りの言葉が当てられているが、
学びの対象や考え方により使い分けられている（P は両者の掛け言葉
のように使われることもある）。大学の授業や実習、演習等で導入さ
れる PBL では、履修者がグループになり、あらかじめ設定された
目的に沿い個人やグループが自ら目標を決め、プロジェクトを立ち
上げ、主体的に取り組んで、目標を達成していくことが求められる。
　プロジェクトを進めることを通した学び、いわゆる「プロジェク
ト学習」は、通常の講義や筆記試験とは異なる。プロジェクトはあ
らかじめ決められた答えがあるわけではない。プロジェクトで目標
を達成するために必要な知識や情報は、個人やグループのメンバー
が主体的に考え、獲得していく必要がある。大抵の場合、ひとつの
分野の知識や技術だけでは、目標は達成できない。様々な分野の知
識をベースとして考え抜き、知恵を紡ぎ出し、具体的な作業を進め
る必要がある。時にはグループ間の連携、協働も求められる。そし
て、時には残念なことに、どれだけ努力をしても、課題が達成でき
ないということも発生しうる。
　学生の目線に立つと、突然 PBL と言われ、場合によってはまだ

出会って間もない他の学生とグループまで組まされ、プロジェクト
を立ち上げるということは、あまり心地のよいものではないかもし
れない。人とコミュニケーションが得意な人ばかりではないので、
そういう人にとっては時にそれが辛いものになることもある。そも
そも、皆さんの中には、「プロジェクト」と言われても、何のこと
かわからない人もいるのではないだろうか。そして、最終的に何が
どうなればよいのかだけでなく、もしかしたら何がわからないのか
さえわからないという状況にある（あった）のかもしれない。

　しかし視点を少し変えると、ほとんどの人はプロジェクトに取り
組むために必要になる様々な知識や経験を、それとは知らずに、子
供の頃から何度も学んでいる。代表例としては学校のクラブ活動
や、行事（文化祭等）を挙げることができる。これらの取り組みで
は、大抵、何らかの大会や発表が目標として設定され、取り組まな
ければいけないこと等がリストにまとめられ、それがメンバー（あ
るいは、チーム、グループ、部員、団員等々）に共有され、メンバー
のそれぞれの得意・不得意に応じて担当や順番が割り振られ、もの
ごとが進められる。そして最終的に目標が達成される。実はこうし
たプロセスを皆さんも普段の生活で体験し、関連の知識や経験を得
ている。

　またプロジェクトは、クラブ活動や学校行事のように能動的（主
体的）な参加の中からしか学べないというわけでもない。映画や漫
画、小説、ゲーム等にもプロジェクトは登場する。例えば、パソコ
ンやスマートフォンのロールプレイングゲーム（RPG）では、主人
公を中心にチームを組み、洞窟や草原、城や廃墟の中等を探検す
るはずである。探検の目標は、例えば「悪の大魔王をやっつける」、
「宝物を見つけて持ち帰る」といったものだろう。ユーザーは目標
を達成するために主人公の仲間を集めたり、アイテムを集めたりし
なければいけない。仲間の特徴、得意不得意に基づいてチームを作

ったり、アイテム等を装備させたりするかもしれない。洞窟に潜入したら、チェックポイントごとにどのくらいの体力の残量があるかを確認して、場合によっては引き返すといった判断をする。

このような例は、プロジェクトのすべての要素を含んでいるとは言えないが、目標達成のために必要な情報を集めたり計画を立てたり、チームを構成したり、チェックポイントで状況を把握したり、それに基づき進むか戻るのかを判断する等、プロジェクトを進める際に発生する様々なことが含まれている。実際の経験だけでなく、擬似的な体験でもプロジェクトに必要な経験を得る機会となる。映画を見ること、小説を読むことも、同様に、プロジェクトを進めていくのに必要な知識や疑似体験を提供する。

プロジェクトを進める上で、実体験や擬似体験を通じ獲得した経験は有用である。しかし、経験しかないと、これまで経験したことにしか対応できない。そこでもうひとつ重要になるのが知識である。**経験と知識を相互に照らし合わせて理解する**ことで、**本当に有用な知識が得られる**。これがプロジェクトを通じて学べることの本質である。そしてその知識を次回のプロジェクトで試し、検証し、またさらに知識を高めていく。まさしくスポーツと同じようなものだと言えるだろう。プロジェクトを進める力は、教室に座って学ぶだけでは身につかないものなのだ。座学と実地の経験の双方が必要である。

プロジェクトに何度も取り組むと、それが何か特別なものごとでもやり方でもなく、今までの暮らしの中で取り組んできたことや、考えてきたこと、見聞きしてきたことの延長であるとわかってくる。日常の生活の中にプロジェクトに通じる多くの知識や智恵が隠れており、その組み合わせによりプロジェクトがうまくいくものであるとわかってくるのである。

そして、ひとつの大きなプロジェクトも、通常はいくつもの小さ

なプロジェクト（通常サブプロジェクトと呼ぶ）がネットワーク状に、ツリー状に、あるいは、モザイク状に組み合わさっている。ひとつひとつは、決して難しいものではない。しかし、複数を同時並行で進めなければいけないということだけは難しい。この「複数の同時並行」で大きなプロジェクトを進めることも、経験やトレーニングを積めばできるようになる。一歩引いて仕事との観点から見ても、私たちの日常は、小さなプロジェクトがいくつも同時並行で進んでいるのが一般的である。自動車ひとつを見ても、小さな部品の開発が並行的に進められて自動車が完成する。一台のコンピュータにしても同様である。

　大学において近年 PBL 導入が進められてきたが、学部での学びにおいて取り組む小さなプロジェクトと、それを同時並行的にどう進めるかについては、あまり解説されてこなかった。宇宙にロケットを飛ばすような大きなプロジェクトを進めるためのノウハウは、こういった大学での小さなプロジェクトにそのまま適用できない。あわせて、プロジェクトが並行で進むような場合はどうすればよいのか、ということも語られたことはほとんどない。だからこそ本書では、**専門家が扱うような大きなプロジェクトではなく、等身大のプロジェクトの進め方の解説に主眼を置く**。前半では、プロジェクトの始め方、進め方について基本的な知識、考え方や手法を紹介する。そして後半では、事例を通じて知識やテクニックがどのように機能するかということについて紹介する。

　本書は 2 人の大学教員が豊富なプロジェクト経験に基づきまとめている。常盤は、大学で国から委託を受けた大型研究開発プロジェクトで、マネージャー（マネジメントを実際に行う人）をしている。この業務にあたる前は、ウェブサイトや印刷物等を手掛けるデザイン会社で、多数のプロジェクトの立案やマネジメント、情報システム開発等を手がけてきた。

西山は、電動バスや電動のパーソナルモビリティ等の電気自動車の大型研究開発プロジェクトのマネージャーを行ってきた。また、高齢者の買物難民の支援やMaaS（Mobility as a Service）関係の大型プロジェクト等も手がけている。2人は情報分野、交通運輸分野と専門は異なるが、大小の各種プロジェクトに取り組んできた。この経験から、初学者の大学1年生、2年生にもわかりやすくプロジェクトをうまくまわす方法を実践的に解説する。

　プロジェクトに取り組むと、時間やお金のコスト管理、人材の管理などで大きく手間もかかる。試行錯誤をすることも多い。それでもひとつの大きな目標を達成することはかけがえのない経験となる。例えば、筆者の1人の西山は電気自動車の試作開発に携わって来た。今や電気自動車は多数の種類が市販されるに至っている。しかしここに来るまでは、相当な試作開発の研究が各所で実施されてきた。

　そうした電気自動車の普及を社会の理想像、夢の姿として、試作開発を蓄積して夢に近づくプロジェクトを仲間と推進することは、面白く、楽しいものであった。実際には、車体の軽量化、モーター・インバーター・バッテリーの効果の最大化、量産形に近づける方法論の検討等、試行錯誤の連続であった。それでも試作車両の電気自動車が完成したときは、プロジェクトで役割を担ったメンバー各自が悦び、醍醐味を感じたものである。プロジェクトの遂行と成果が出たときの悦び、醍醐味は、辛い山登りと頂上に行った人だけが感じる達成感のような関係と表現できる。この悦び・達成感を読者の皆さんが味わえるよう、プロジェクトの勘所を書いたのが本書である。

　皆さんが本書を読み、プロジェクトを効果的にまわし様々な目標を達成して、成功をつかんでいくことを祈念している。

2019年11月　　　　　　　　　　　　　　常盤拓司・西山敏樹

目　次

はじめに・・・3

第1章　プロジェクトってなんだろう ・・・・・・・・・・・・・・・11

1　プロジェクトの意味・・・・・・・・・・・・・・・・・・・・・・・・・・・・・・・・・11

2　私たちの生活はプロジェクトであふれている・・・・・・・・・13

3　プロジェクトが上手になるためには・・・・・・・・・・・・・・・・・16

第2章　プロジェクトを始める ・・・・・・・・・・・・・・・・・・・・・・・19

1　プロジェクトを始める準備・・・・・・・・・・・・・・・・・・・・・・・・・19

2　プロジェクトの目標を設定する・・・・・・・・・・・・・・・・・・・・・23

3　プロジェクトの達成要件・・・・・・・・・・・・・・・・・・・・・・・・・・・31

4　プロジェクトのタスク・・・・・・・・・・・・・・・・・・・・・・・・・・・・・32

5　プロジェクトチームを作る・・・・・・・・・・・・・・・・・・・・・・・・・33

6　プロジェクトのスケジュール・・・・・・・・・・・・・・・・・・・・・・・35

7　プロジェクトを計画書にまとめる・・・・・・・・・・・・・・・・・・・36

第3章　プロジェクトを進める技 ・・・・・・・・・・・・・・・・・・・・43

1　プロジェクトを進めるためにはマネジメントが必要・・・ 43

2　プロジェクトマネジメントとは何か・・・・・・・・・・・・・・・・・44

3　プロジェクトをマネジメントするということ・・・・・・・・・44

4　タスクの管理・・・・・・・・・・・・・・・・・・・・・・・・・・・・・・・・・・・・48

5　プロジェクトの進捗確認・・・・・・・・・・・・・・・・・・・・・・・・・・・55

第4章　プロジェクトの危機 ・・・・・・・・・・・・・・・・・・・・・・・・69

1　プロジェクトの「炎上」・・・・・・・・・・・・・・・・・・・・・・・・・・・69

2　プロジェクトが炎上するタイミング・・・・・・・・・・・・・・・・・72

3　プロジェクトの鎮火・・・・・・・・・・・・・・・・・・・・・・・・・・・・・・・・・72

　　4　大学生が鎮火に向け注意すべきこと・・・・・・・・・・・・・・・・・78

第5章　プロジェクトの評価・・・・・・・・・・・・・・・・・・・・・・・・・・・・・81

　　1　プロジェクトの成功と失敗・・・・・・・・・・・・・・・・・・・・・・・・・・・82

　　2　外部評価・・84

　　3　振り返り（内部評価）・・・・・・・・・・・・・・・・・・・・・・・・・・・・・・・85

　　4　振り返りのためのフレームワーク・・・・・・・・・・・・・・・・・・・・86

第6章　実例から学ぶプロジェクトの運営・・・・・・・・・・・・・・89

　　1　事例①：学生単独のプロジェクトの実例
　　　　　　　「大学の学園祭」・・・・・・・・・・・・・・・・・・・・・・・・・89

　　2　事例②：学生と教職員がコラボレーションする
　　　　　　　プロジェクトの実例
　　　　「大学1年生を対象にしたフレッシャーズキャンプ」・・・95

　　3　事例③：プロフェッショナルのプロジェクトの実例
　　　　　　　「電動低床フルフラットバスの試作開発」・・・・・102

　　4　プロジェクトの事例の総括・・・・・・・・・・・・・・・・・・・・・・・107

　　巻末資料「プロジェクトの計画書フォーマット」・・・・・・・・109

コラム

ウォーターフォール型開発モデル　39／リーダーシップについ
ての補足　46／プロジェクトにおけるコミュニケーションのコ
ツ　65／Backlogを用いたタスク管理　68／PBLでの計画書に
ついての補足　113

第1章

プロジェクトってなんだろう

1　プロジェクトの意味

　本書を手にした方のほとんどは、「プロジェクト」という言葉を聞いたことがあるのではないだろうか。プロジェクトは、英語で"project（pro-ject）"と書く。"project"は pro（前へ）＋ ject（投げる・やる）という、2つの言葉からできている。ここで前に投げるものは「考えたこと、考えていること」である。目標や案、企画等と言い換えることもできる。さらに言うと、「まだ実際に存在しない、実現されていない何か」である。あわせて、「投げる」という言葉には「具体化する、見えるようにする、実行する」という意味合いが含まれている。噛み砕いて言うならば、「やる」ということである。つまり、プロジェクトは「考えた企画等を実際にやってみる」、堅く言うならば「目標に向かって実行する」ということである[1]。

---

1) ちなみに、映画や映像をスクリーンに投影する場合も"project"である。これは、映像や映像が前に投げられている（放射されている）からである。

一方で、1987 年にアメリカのプロジェクトマネジメント協会が
策定したプロジェクトの計画と実行の際の基本知識を体系化したガ
イドライン「Project Management Body of Knowledge」（略称
PMBOK）では、プロジェクトを「日常のルーチンワークと違う、
特別に設定された取り組み」と定義している。ちなみにルーチンワ
ークとは、「決まった手順で繰り返し行われる定常作業、または日
常の仕事」のことである。

　PMBOK の定義は、最初の語源からくる意味の印象と少し異なる。
これは筆者の意見であるが、PMBOK のいうプロジェクトは、先に
ルーチンワークとは何かということがあり、プロジェクトは「まだ
ルーチンワークになっていないもの」、という前提があると感じる。
ルーチンワークは手順が確立されていて、常に次に考えること、や
ることが決まっているのを順番に進めていく。言い換えると、すで
に実現されてしまっている考えを実現するものである。それに対し
てプロジェクトとして取り組まれることは、いまだ誰もやったこと
がないので、次に来ること、考えることはあらかじめ設定されてい
ない。

　さらに加えて、ややこしいことに、近年では元の語源や PMBOK
の定義からも離れて、元々の意味がとらえている範囲から大きく逸
脱し、プロジェクトという言葉そのものが様々な用法で用いられて
しまっている。ビジネスでは、事業計画や企画という意味でも用い
られることがある。さらには、計画がない取り組みが、プロジェク
トと呼ばれることもある。

　しかし、語源や定義に照らし合わせると、プロジェクトは日常の
ルーチンワークではない。あくまで、「まだ達成されていない、実
現されていないことを実現するための取り組み」である。まずはこ
のことをしっかりと覚えておいてもらいたい。

2 私たちの生活はプロジェクトであふれている

　プロジェクトという言葉は、PBLのような形で取り組む対象として目の前に立ち現れてこないと意識されにくいかもしれないが、常日頃から、私たちの日常にしばしば登場する。

　テレビのバラエティー番組や報道番組、最近では動画配信サービスの個人チャンネル等で頻繁に「○○プロジェクト」という言葉が出てくる。筆者が若い頃は、NHKで毎月「プロジェクトX」というドキュメンタリー番組が放送されていた[2]。この番組は、企業や組織の製品開発の成功秘話を扱っていた。黒部峡谷ダムの建設、トランジスタラジオの開発等、現代の我々の生活につながるようなモノづくりや、疾病の根絶のような大規模な取り組みを題材に、プロジェクトに携わる人々の苦難や創意工夫を扱ったものである。番組で偉大なプロジェクトを見ると、日常と相当かけ離れたものに映るかもしれないが、所詮はそれがドラマになるからそういうエピソードが選ばれているのにすぎない。

　私たちの生活を改めて振り返ってみると、ルーチンワークとそうではない特別なものが、常に混在している。ルーチンワークは、例えば、毎日学校に行くとか、毎日授業を受けるといったことである。ルーチンワークでないことは、直感的には夏休みのキャンプ等を思い浮かべるとよいだろう。またどちらとも言えないものもある。定期試験のようなイベントを考えるとわかりやすい。定期考査は「定期」とあるくらいで繰り返し発生するもので、予定されているから準備もできる。しかし出題の範囲は毎回異なることから準備の内容も当然毎回変わる。そのための作業の内容も変わってくる。定期的

---

2)「プロジェクトX ～挑戦者たち～」NHK総合テレビ 2000年3月28日～2005年12月28日。

に毎回違うことをやっているものは他にもある。イメージしやすいものとしては「料理」がある。料理を例に、このどちらとも言えないものを少し深く見てみよう。

　料理というとどのような営みをイメージするだろうか。料理は、家庭から、食堂、レストラン等、様々なところで行われている。レストランのように、メニューに載っているものを毎日作り続けるという点ではルーチンワークのひとつと言えるだろう。そうかと思うと、家庭料理では顕著だが、毎日違う料理が作られていたりもする。そもそも我々は、様々なものごとを抽象的にとらえるためにカテゴリーやグループにまとめたり、特定の作業を抜き出し、タグ（ラベル）をつけることで、何かを指し示したり述べたりする際の効率化を図っている。「料理」はカテゴリーのひとつと言える。料理をカテゴリーとして見ると、ルーチンワークのように見える。しかし、そのカテゴリーの中を開くと、一つひとつは異なっている。料理のようにカテゴリーとしてとらえてしまっている日常の様々なことを切り開いて覗いてみると、先程述べたような、「目標を実現するための取り組み」すなわちプロジェクトが隠れている。

　料理の例に戻ろう。料理をするとき、メニューや出来上がりの時刻が何らかの形で設定される。メニューが設定されると、作業項目とその作業項目の順番が決まる。出来上がりの時刻は、「夕食にはこれを（作って）食べよう（あるいは、食べてもらおう）」といった感じで自発的に決まることもあれば、「この時間までに作らないといけない」といった、やむを得ない決まり方もあるだろう。いずれにせよ、設定された時刻に食事が大体揃うようにしなければいけない。この設定された時刻はプロジェクトで言うところの締め切り、プロジェクトでの表現を先取りして言うと「期限」である。

　料理をする人は、料理本等を読んだり、冷蔵庫の中にある食材を確認したり、スーパー等で食材を見たりしてメニューを決める。プ

ロジェクトの言葉でいう「目標」が存在する。

　メニューを構成する一つひとつの料理には、レシピ（手順）がある。レシピは、頭の中に入っていたり、本やノートに書かれていたりする。一品しか料理をしない場合は、その通りにやればよいが、複数の料理を作る作業が平行になるとレシピを分解し、作業の順番を組み立て直す必要も出てくる。その組み合わせは、作る人の能力や嗜好にもより様々で、毎回違う。手順はプロジェクトの言葉でいうと「タスク」である。

　作るべき料理という目標に向かって、いろいろな手順、作業の優先順位や順番が決められ、最適化される。例えばお湯が沸くのを待つ間に、野菜を切るなどである。これらは、一人で料理をする場合は頭の中で完結するだろうし、多数の客がいるレストランでは、レシピや手順書のような形に整理されることもある。プロジェクトの言葉に言い換えると工程表やスケジュールである。

　日常的に触れる料理を例に挙げ説明したが、コンサートでも、演劇でも、学園祭でも大抵のことは、この料理で説明したようなことが行われている。そう言われなければ気づかれないのだが、カテゴリーとしてまとめられ、気づかれない小さなプロジェクトは我々の日常生活にあふれている。

　そして我々人間は、他人の活動を見てそこから学ぶということもできる。テレビドラマや映画、小説、漫画、アニメ等は良い学びの機会を提供する。こういった「お話」を含めあらゆるところにプロジェクトは隠れている。生活を見渡すと、そこは様々なプロジェクトにあふれていることをまずは認識してほしい。

3 プロジェクトが上手になるためには

　本書を手に取った多くの読者は、プロジェクトに取り組まなければいけない状況にあるか、やがてそういう状況になる人なのではないかと思う。そして、おそらくプロジェクトのやり方そのものがわからないか、または、なんとなくわかっているけれどうまくやりたいと思っている人ではないだろうか。

　プロジェクトを進めるために必要な知識は、本を読むことで知ることができる。ところが、残念ながらプロジェクトは知識を身につけるだけで上手に進めることができるという類のものではない。プロジェクトに取り組むということは、スポーツや音楽（楽器の演奏）に近い。例えばサッカーは、どんなに解説書を読んで上手なボールの蹴り方を学んだとしても、試合でいきなりそれができるわけではない。ボールの蹴り方は、練習をして何度も失敗や成功を繰り返し「身につけていく」ものだからである。プロジェクトが上手になるためには、この失敗や成功を繰り返し身につける時間を惜しまない姿勢が、とても大切である。

　プロジェクトは、スポーツや音楽の中でも、特にチームやグループで協力し取り組まなければいけないことと似ている。サッカーがチームで試合をするのと同じで、大抵のプロジェクトはチームやグループで取り組む。サッカーで誰がどこにいるか、サイドから駆け上がってどうセンターにボールを回すか、フリーキックからのセットプレー等、チームワーク形成が上手になるためには、練習と実践が不可欠なのである。

　繰り返すが、プロジェクトを上手に進めることができるようになるためには、サッカーと同じで、知識と実践の両方が不可欠である。正しいことが何かを知識として身につけていなければ、今やってい

ることが正しいかどうかを判断することはできない。一方で、実際にやってみなければ、知識が身についているのか、正しく適用できるようになったのかはわからない。なおこの「正しさ」は、「セオリー」（理論・仮説・定石・確立された方法）等と呼ばれる。

　しかし、実際にプロジェクトを進めると、セオリー通りに進むことはあまりない。サッカーの実際の試合と同じで、常に新しい状況と展開に対峙することになる。自動車の開発でブレーキの効きがセオリー通りにはならないことがよくあるのに似ている。目の前に生じていることは常に新しさ、従来にない難しさ等を含んでいる。

　だからこそ、プロジェクトの進め方を身につけるためには、何度も取り組むしかない。その時々の状況をそれまでの知識や経験に照らし合わせて、考え、理解し、方法を考え試してみるということを、ずっと繰り返していく。何度失敗しても、次へ、次へと繰り返していくしか上手になる方法がないのだ。

　しかし、ただ何度もプロジェクトをやればよい、ということでもない。プロジェクトが終わるたびに、成功したとしても失敗したとしても、その取り組みがどうだったのかを常に振り返ることが必要である。ここでいう「振り返り」は単に感想を言い合うことではない。プロジェクトが進む途中および完了後でも、状況をどのように把握したか、そしてどのように判断したか、そしてその判断結果を実践できたのかを全員が自らのこととして、考えて理解することが振り返りである。

　実際、我々の人生は、プロジェクトの進め方について学ぶには短い。社会人になると、プロジェクトの失敗は時として所属する企業の命運を分けることにもなる。個人のキャリアにも影響する。学生の間ならば、そういうことはまずないが、大学の学部は4年間、大学院の博士後期課程までそのまま進学しても大学にいるのは10年前後で、その間に何度プロジェクトに取り組むことができるだろう

か。その短さをもとに何らかの方法で経験を補わなければいけない。その際に有効なのが事例検討である。過去に実施されたプロジェクトや他のグループが取り組んだこと、あるいは今取り組まれていることを分析し、何が原因でうまくいかなかったのかを考える。身の回りのプロジェクトだけではなく、ありとあらゆるプロジェクトを事例として検討するとよい。最近インターネット動画視聴サービスでは、ナショナルジオグラフィックスやイギリスBBCのドキュメンタリー番組で、いろいろな大規模プロジェクトが取り上げられている。これらも学ぶ機会になるだろう。加えて、しつこいようだが、小説や映画なども、たとえSFやおとぎ話であったとしても、プロジェクトとしてみると得られるものがある。将棋や囲碁、チェス等の運の要素が伴わないゲームもそうだ。野球やアメリカのフットボールのようなターン制のスポーツ、サッカーやラグビーのような1点を入れるのに時間がかかる（戦略的な組み立てが必要な）スポーツも、プロジェクトを理解するのに有効だ。

　プロジェクトがうまくなるためには、練習と実践を繰り返すこと、自分たちの進めてきたことを適宜振り返ること、他のプロジェクトの成否要因の事例を検討することが不可欠で、その実践を勧める。

まとめ

●プロジェクトをうまく進められるようになるためには、知識と経験の両方が必要。

●練習と実践を繰り返すことでプロジェクトはうまくなる。

●日常生活の中には、プロジェクトに近いものごとがたくさん隠れている。それらのすべてが学びの機会になる。

第2章

プロジェクトを始める

　ここから具体的なプロジェクトに対する取り組み方を説明する。最初に、細かい話に入っていく前に全体像を説明しておきたい。その理由は、プロジェクトを進めていくために必要な知識や考え方の類は、それぞれ一つずつ取り出して考えてもあまり意味がなく、ネットワーク的に機能しているからである。そして、これはプロジェクトの進め方を学ぶ人にとっては難しいことであるが、知識や考え方は相互矛盾していることも多いからである。以上のことから、始めるにあたっての全体像から述べる。

1　プロジェクトを始める準備

　プロジェクトの全体像を考える上で、どんなプロジェクトにでも当てはまることが2つある。ぜひとも押さえてほしい。

1-1　目標

　ひとつは、プロジェクトは「目標を達成するため」の取り組みであるということである。だから、プロジェクトを始めるためには必

ず目標が存在する。目標のないプロジェクトは存在しない。目標があるということは、即ちのちに「そのプロジェクトの目標を達成しましたか？」という質問にも答えられるということである。関わっている人全員が、「達成した」と答えられた時点で、プロジェクトは完了となる。もしも目標自体がなかったなら、何がどうなったらプロジェクトが完了したことになるのかすらわからない、ということになる。

1－2　期限

　もうひとつは、場合により目標のひとつの要素として書かれることもあるが、プロジェクトには「期限」があるということだ。期限は言い換えると「締切」である。その日のその時点でプロジェクトに関わっている人全員が「目標を達成した」と言うべき日時である。期限までに目標が達成できなければ、プロジェクトは失敗ということになる。それは「目標未達」や「未達成」などと呼ばれる。もし期限がないプロジェクトがあったとしたら、そのプロジェクトは目標の達成まで永遠に終わらないということになってしまう。期限がないと、その取り組みの意味がなくなったとしても誰も止める人がいない。俗にいえばプロジェクトのゾンビのようなものである。延々と取り組み続けなければいけない。だからこそ、この日のこの時点でできていなかったら中止というのをあらかじめ決めておくことがプロジェクトには必要である。

1－3　達成要件とタスク

　プロジェクトの目標と期限が明確になったら、次はその日までに何をすれば、目標が達成できるかを明確にすることになる。ここではこれを「達成要件」と呼ぶ。達成要件は目標を達成したかをみんなで指差し確認するとき、「これができているから目標を達成した

と言ってよい」と全員が合意できる条件である。「何かを100個作るプロジェクト」であったら、「100個作ったこと」が達成要件となる。もちろんその作るものの品質がどのくらいか等、もっと細かいことが達成要件には含まれてくる。達成条件が決まれば、あとは、それを達成するために何をすればよいのかを考えて、それに取り組めばよい。ただし、手当たり次第に何かすればよいわけではない。一人ですべてをこなすプロジェクトならば、それでもうまくいくかもしれないが、数名のチームで取り組む場合、取り組みが重複してしまったり、さほど関係ないことを相互にやってしまったり、順番が全体的に不適切になること等があったりもする。達成要件を満たすための取り組みをここで「タスク」と呼ぶ。まさに達成要件を満たすために行う個々の作業のことである。

　通常、具体的な取り組みに入る前に、達成要件を満たすためにやらなければいけないことを考えて、タスクとして挙げまとめる。プロジェクトの取り組みが最大限効率的になるように、順番やタスクの期限、担当者等といったことを考え、リストや表に整理する。そしてプロジェクトに参加するメンバーの全員が確認できるようにする。これを工程表、スケジュール表などと呼ぶ。

1−4　落とし込みと差し戻し

　ここまで説明した目標からタスクまでの一連の流れは、説明を読む分には、一方向に進んでいるように思われるかもしれない（図1）。

　しかし実際はそうではない。目標から達成要件を考えるということは、即ち目標が達成不可能な要件を求めていないかどうか、検証を行う作業でもある。不可能な達成要件を目標が求めるならば、目標は見直されなければいけない。同様に、達成要件からタスクを考える際にも、膨大な時間を要するとか、作業をする人の数の不足といった形で、達成要件が達成できるものなのか等が検証されること

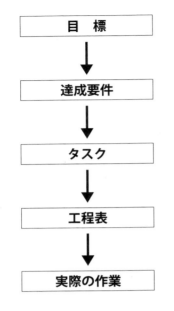

図1 一般的にイメージされがちなプロジェクトの形

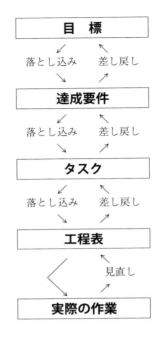

図2 実際のプロジェクトは落とし込みと差し戻しの繰り返し

になる。

　目標から達成要件、達成要件からタスク、タスクから工程表へと進めていく作業は、通常「落とし込み」等と呼ばれる。落とし込んでみて、問題があった場合にはひとつ前の内容を見直していく（図2）。この見直しのプロセスを「差し戻し」等と呼ぶ。目標から、工程表まで落とし込んだ結果、大きな問題が見つかり、それこそ目標まで順番に差し戻しがドミノ倒しのように戻る、ということもしばしば発生する。

　プロジェクトの目標を検討するところから、工程表を作るところまでの一連の作業が、「計画する」というプロセスである。そして、

この作業の成果をまとめたものが、「計画書」と呼ばれるものである。計画書が完成して、ようやくプロジェクトを具体的に進めることができるようになる。

1-5　プロジェクトが始まってから

　上記のプロジェクトを始める前の行ったり来たりは、実は、プロジェクトが始まってからも続くものである。それぞれのタスクが予定通りに進まなければ、工程表やスケジュールは見直す必要が生じる。あるいは、何らかの事情で目標が変わったり、達成要件の達成自体困難になったりすることもある。そういう場合は、計画を見直すことになる。計画の見直しは、プロジェクトが完了するまでずっと続くと思っていたほうがよい。そして、計画を見直したら、必ず計画書に反映させる。計画書がもうこれ以上書き換えられることがないという状態になるのは、プロジェクトが完了したときだ。プロジェクトの完璧な計画書は、プロジェクトが完了したときに出来上がる。

2　プロジェクトの目標を設定する

　繰り返すがプロジェクトは目標を達成するための取り組みである。だから、プロジェクトで取り組むことのすべてが目標を達成するためのものになるはずである。逆に言えば、**目標の達成に貢献しないことはやってはいけない**。だからこそ、プロジェクトの目標はあやふやであってはいけない。プロジェクトに参加するメンバー全員が、その目標に納得して、自分やメンバーが進めている課題が、目標の達成に寄与することかどうか、指差し確認して判断できるくらいにはっきりしている必要がある。プロジェクトの目標はしっかり定めなければいけないし、それが成否を大きく左右する。

2－1　ビジョン（理想）からのバックキャスト

　プロジェクトの目標を考える上で大切なことは、「なぜ目標を達成しなければいけないのか」という視点である。突き詰めていくと、プロジェクトの目標を達成するということはビジョンの実現に貢献することである。ここでいうビジョンは、日本語に置き換えると「理想の状態」というのが近い。この理想とは、国が平和であって欲しいとか、国民に健康で暮らして欲しいというふうに、自分ごとでない一般化された何かについてのあるべき状態ととらえればわかりやすいだろう。もちろん、個人のビジョン、会社のビジョンといったものも理想になる。個人や会社の場合であっても、あるべき状態を理想として考えるのが重要である。

　個人であれば、大学の志望動機を書く際「将来学校で教育したいから、この学部に入り教員資格を取得したい」といったことを書く人がいる。ここにはビジョン＝理想からのバックキャストがある。バックキャストはある事柄の理想の状態を起点として今を振り返り、今何をすべきなのか目標を考える未来起点の発想法のことをいう。「学校で教育したい」のは未来の状態で、人生の理想的な姿である。そのために必要な「教員資格を取る」および「この大学に入る」の2つはそれぞれ目標ということになる。プロジェクトの目標は、ビジョンが実現されるために必要な何かでなければいけない。

　ビジョンと言われてもピンとこないかもしれないので、さらに例をあげる。テレビで毎週放映されている特撮ヒーロードラマを考えてみよう。特撮ヒーロードラマの内容を非常にざっくりまとめると、「主人公が、悪の首領や組織を倒して、その世界に安定を取り戻す。そして世が平和になる」という物語である。今のヒーロードラマではもう少し複雑化されていて、主人公の葛藤があったり、周囲で人間ドラマなどが繰り広げられていたりするようであるが、物語の背骨は変わらないはずである。

この物語をプロジェクトとしてとらえてみる。「悪の首領や組織を倒す」は目標と言える。倒した（目標達成した）ことで、世界に安定が取り戻されれば、プロジェクトとしては成功と言える。そしてその先にある世界平和がビジョン＝理想だ。なお、このとらえ方はあくまでも例に過ぎない。本書を読んでいる人の中には、「世界平和」や「世界の安定」がその先の理想のための目標だと思う人もいるだろう。もちろん、世界の安定がビジョンだという人もいるかもしれない。そこには様々な意見や考え方がある。様々な意見があるということもまた、プロジェクトの目標を考えていく上では大切なことである。多様な意見と関連する議論が目標の精緻化につながる。

　読者の多くが気になる PBL の場合について、少し補足をしておく。PBL には、学校の授業、演習としての取り組みの側面がある。故にビジョンを考える際に学部や学科、授業科目のテーマ等が前提（制約条件）として存在する。PBL の中では、ビジョンからバックキャストされて定義された目標に加えて、各学生にはプロジェクトを立ち上げ、取り組むことそのものができるようになることも、目標として設定される。

　PBL として、プロジェクトに取り組む学生の一部の人は、ビジョンとかはどうでもよくて「単位」のために取り組んでいるかもしれない。実は、そんな人にもビジョンは存在している。単位が欲しい理由を以下、突き詰めてみよう。

〈突き詰めて考える側〉

単位が欲しいのはなぜか　→　**進級、卒業したいから。**

なぜ進級、卒業したいのか　→　**就職したいから。**

なぜ就職したいのか　　　　→　**金を稼ぎたいから。**

なぜ金を稼ぎたいのか　　　→　**趣味活動にお金がかかるから。**

じゃあ、なぜ趣味活動に金がかかるのか

　→　（例えば）鉄道模型のコレクションの数を増やしたいから。

なぜ鉄道模型のコレクションを増やしたいのか　→　**？？？？**

　このように「なぜ、なぜ」を繰り返していくと、結局は、未来のことを考えることになってしまうのである[1]。

2-2　目標とビジョン

　我々は、しばしば、目標とビジョン（あるべき姿、理想）を混同してしまう。自動車開発等の機械系の分野ではビジョン＝あるべき姿を目的といい、目的と目標を区別するよう新入社員に教育を行う。ビジョンのことを目的という大学の教員もいるかもしれない。とにもかくにも、プロジェクトの目標を考える際には、上記2つを明確に分けて考える必要がある。

　そこで目標とビジョンは何が違うのかをここで述べておきたい（図3）。ビジョン＝あるべき理想的な姿があることで、目標を決めることができる。無論目標が成功したかどうかは、ビジョンの達成に寄与できたかどうかによって決まる。

　違いをもう少し具体的に補足しておくと、目標はビジョンを実現

1）とはいえ、チームやグループで取り組むのが嫌だからさっさと終わらせたいといった、未来志向になりにくい人もいるだろう。そういう人は、ぜひ「なぜ嫌いか」を考えてみたほうがよいと思う。

するために達成しなければいけないことである。ビジョンは、究極的には「なんでそのプロジェクトをやるの？」という問いに対する回答である。そして「何がどうなったらよいの？」という問いに対する答えが目標、そして、「どうやって？」という問いに対する答えこそが、達成要件になる。

ビジョンの大切さをもう少し補強するために、先ほどの「悪の組織」の例に戻ってみる。大抵の悪の組織は、最後の最後、ヒーローが最も大切にしているもの、またはビジョンを実現するために欠かせない必須の何かを剥奪しようとする。わかりやすいものだと「世界そのもの」や「地球」とかになる。ヒーローとしては、悪の組織をやっつけるために世界が滅亡しては元も子もない。世界の平和というヒーローにとってのビジョンがあるからこそ目標＝悪の組織の崩壊の意味がある。目標の達成は、ビジョンを実現するための手段のひとつなのだ。

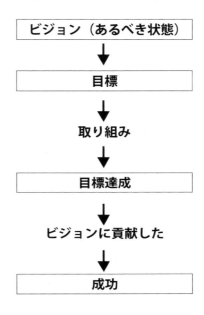

図3　目標とビジョンとの関係

改めての説明となるが、ビジョンの観点からプロジェクトをとらえるという考え方は「ビジョン駆動」と呼ばれる。そして、ビジョンを実現するために取り組む考え方を「バックキャスト志向」と呼ぶ。これらはプロジェクトを単に目標を達成すればよいというとらえ方を戒めて、その上位（あるいは根元）から考え、プロジェクトの目標を定義していく考え方である。「ビジョン駆動」開発と同じ

ように使われる言葉としては「ミッション駆動」開発があるので注意してほしい。

実は、この2つは全く異なる考え方である。ミッションは「使命、目的、役割、存在意義」等と訳される。ミッション駆動のプロジェクトでは、そのプロジェクトの果たすべき「社会的な任務や使命」が重視される。プロジェクトがその取り組みを通じて、社会的使命として何を目指しているのか、何を成し遂げたいのかを表したもので、プロジェクトの存在意義や社会的使命が根源に来る。ビジョンは「目標、夢、志、方向性」等と訳される。ビジョン駆動型のプロジェクトでは、将来の理想的な姿が重視される。将来のあるべき姿を設定し、現在との差をとらえ、その解決をミッション（使命）として設定していくプロジェクト推進の考え方である。故にミッションは、ビジョンと目標の間に設定されるものだと言えるだろう。

とにかく、プロジェクトは目標達成のための取り組みだが、それが達成できたと言えるためには、そのプロジェクトのビジョンやミッションの観点から正しいと言えなければいけない。

ビジョン駆動、ミッション駆動の考え方が特に重要なのは、上記の特撮ヒーロードラマの事例だと、悪の首領を主人公に先にやっつけられてしまった主人公のライバルを思い起こすとよい。つまりライバルは目標が無くなってしまったという状況に陥る。こういうことは実社会では意外とある。製品の開発競争で、ライバル企業に先に同じような製品やサービスを開発されてしまうような状況である。このような場合でも、ビジョンおよびミッションが明確にあれば、新たに目標を立て直すこともできる。大抵は、目標が先に誰かに達成されたとしても、それだけでビジョンやミッションを実現するためにやらなければいけないことが、すべて達成・完成されてしまうようなことはない。先ほどの主人公のライバルが、特撮ヒーロードラマの最終回で、警察官になって「まだまだやることがいっぱいな

のだ」という感じのセリフを発したりするのを見たことがあるかもしれない。実際の社会も同じで、ビジョンがしっかりしていればやるべきことは多数ある。ビジョン達成に向けやるべき多数のことが目標である。

2 – 3　プロジェクトの目標を評価する際の観点

　プロジェクトの目標をどう考えるかという問題は奥が深く、本書で扱うには大きすぎる話題である。大学生の多くの場合は、アイデアや課題を整理しビジョンを打ち立て、そこから現在を見直すと取り組むべきことを通常見出すことができる。その中のいくつかが、プロジェクトの目標になるはずである。アイデアや課題の整理の方法は、KJ 法やフューチャーシナリオ等の様々な方法がある。PBL等の場合は、あらかじめ教員がビジョンを設定していることもある。ここでは、目標の立て方そのものについては説明はしない（関連本を参照）。しかし、実はどんな分野の目標でも良し悪しの評価はできる。筆者は、プロジェクトの目標を以下の 7 つの観点から評価してきた。

＜プロジェクトの目標の評価：7 つの視点＞

1. ビジョン、ミッションに基づいていること
2. いまだにないことであること
3. 具体的であること
4. 実現可能であること
5. プロジェクト外の要素に対する依存が少ないこと
6. 達成できたか（実現ができたか）を第三者が評価できること
7. プロジェクトメンバー各人が意欲を持って取り組めること

以下、それぞれについて補足の解説をする。「1. ビジョン、ミッションに基づいていること」は、すでに述べたことなので割愛する。「2. いまだにないことであること」であるが、すでに誰かが達成してしまっている目標は、ミッションやビジョンに鑑みると意味がない。そのために、プロジェクトメンバーの労力をあてがうことも合理的ではない。プロジェクトは目標を達成するための取り組みであるが、「いまだにないこと」だからこそ、目標に労力をあてる意義も出てくるのである。目標にも新規性が重要だ。

　また、「3. 具体的であること」「4. 実現可能であること」なのも、具体的でない目標、実現できない目標に労力を割くことは意味がないから評価項目にあげている。たまに、教育現場では、無駄でもよいから努力したことの評価が重要だという意見もある。教育的観点で言われたりするが、努力すること自体が重要なのであるならば、プロジェクトをする意味はない。努力をする練習はプロジェクト以外でも可能である。

　「5. プロジェクト外の要素に対する依存が少ないこと」であるが、もしも外部要因が目標の達成に強く影響するような状況ならば、プロジェクトのメンバーがしっかり取り組んだのかも明確にできなくなってしまう。目標の達成ができたかどうかを測るためにも、あらかじめ外部要因の影響を受けない目標にする必要がある。基本的に内製化[2]も目標の重要な要素である。

　「6. 達成できたか（実現ができたか）を第三者が評価できること」であるが、PBL ならば、実習の中での発表だったり、リポート提出で評価を受ける。プロジェクトが期限を迎えたときに、目標が達成できていればプロジェクトは成功であるが、発表やリポートのように第三者が評価できなければ、プロジェクトのメンバーが、「で

2）作業をアウトソース（プロジェクトメンバー以外の人に依頼する）せず、メンバーが行うこと。

きた」とか「達成した」と根拠なく言っているだけになる。プロジェクトを進めている側からすれば、自分たちを疑うのか、と言いたくなるかもしれないが、第三者が疑う余地を与えるほうが問題である。目標達成の評価も念頭に第三者が評価できる目標を立てることが大切だ。

「7. プロジェクトメンバー各人が意欲を持って取り組めること」というのは意外と忘れられがちである。プロジェクトに取り組むメンバーの一人ひとりにとって、プロジェクトが意味のあるもので情熱を捧げられる目標でなければいけない。

これらの評価の観点は、取り組む分野等により、異なってくる。重要なことは、目標は評価できるということだ。良い目標（質の高い目標）は、プロジェクトの成果を高い次元へと誘導する。対して、悪い目標（質の低い目標）はプロジェクトの目標が達成できたとしても、通常大した成果とはならない。

ビジョン＝理想の状態、ミッション、目的があり、そこに近づくために有意義な目標を具体的に立てる。この流れを忘れないでほしい。

3　プロジェクトの達成要件

繰り返すが、プロジェクトとは目標を達成するための取り組みである。だから目標が必要になる。しかし、目標を決めただけではプロジェクトはゴールに到達しない。目標を達成するために必要なことをやらなければいけない。必要なこととは、例えば何かを調べてみんなの前で発表するようなプロジェクトならば、「調べる」「（資料やスライドを）まとめる」「みんなの前で発表する」といったことになるだろう。

この「必要なこと（やらなければいけないことと言ってもよい）」が

「達成要件」である。プロジェクトは、具体的には目標達成に向け達成要件をクリアしていくことだ。期日までにすべての達成要件をクリアできればプロジェクトは目標を達成したことになる。プロジェクトが進むということは、言い換えると達成要件が満たされていくということである。

達成要件は、目標やプロジェクトを取り巻く状況等により異なってくるため、一概に、正しい落とし込みの方法があるわけではない。但し、目標に応じて設定した達成要件の筋の良さを考え、評価していくためのヒント、テクニックはある。

例えばスポーツ競技で「県大会出場」「予選突破」「相手に勝つ」「優勝する」「入賞する」などの目標が設定されているのをよく見かける。プロジェクトの目標としてこれらを眺めると、あまり適切でない。これは達成要件として落とし込むことでわかる。例えば野球トーナメントでの「予選突破」を目標とした場合、達成要件は当然すべての試合に勝つことである。ところが、どれだけ自分や自分のチームが練習して強くなっていたとしても、相手チームがさらにそれを上回っていれば負けてしまう。相手のチームの強さはこちらがコントロールできるものではない。このような達成要件は、外部に依存している。外部に依存しているということは、どれだけ努力や準備をしても達成ができない可能性がある、と言い換えることができる。プロジェクトの達成要件に外部依存性がどのくらい含まれているかは、プロジェクトの目標の達成の可能性に対して影響を与えることになるので注意が必要である。

4 プロジェクトのタスク

プロジェクトの達成要件が明確になったら、次は達成要件を満たすために、具体的な作業として何をしなければいけないかを考える。

> **＜タスクの要件＞**
> ・「何を」（タスクの名称、内容）
> ・「誰が」（担当者）
> ・「いつまでに」（期限）
> ・「どうやって」（方法）
> ・「何がどうなったらできたことになるのか」（タスクの達成要件）

何かを調べ発表することが達成要件であるならば、大雑把に分解し「調べる」と「発表する」がしなければいけないことだ。このしなければいけないことが、タスクである。

　要は、「ビジョン→目標→達成要件→タスク」というイメージで詳細化を行うわけである。上述した「調べる」「発表する」は、かなり大雑把なタスクの立て方である。もっとも、プロジェクトが始まる時点では、せいぜいこのレベルでのタスクの細かさでよい。プロジェクトの計画を立てている時点では、タスクのすべてを洗い出し詳細を詰めておくことができない。プロジェクト開始の時点では、チームのメンバーやその役割分担を決めるためと割り切りタスクを大きめに設定しておくおき、プロジェクトが進むにしたがってタスクの細分化を実施する。タスクの定義では、次のことが含まれる必要がある。タスクをどのように立てるのか、細分化するかは、次の章で述べる。

5　プロジェクトチームを作る

　タスクがある程度明確になってくると、それらを達成するために必要な技術や知識を把握できるようになる。プロジェクトのタスクを終わらせていくために、どのようなメンバーが必要かを考えるこ

ともできるようになる。いくらしっかりした計画があったとしても、プロジェクトを実際に進める人々がいなければ、それは机上の空論になってしまう。だから慎重に人材を選んでチームを構築しなければいけない。

多くのプロジェクトでは、プロジェクトの目標や達成要件等を考える際に、何人かでチームを作って取り組むはずである。しかし、このメンバーがそのままプロジェクトメンバーになるとは限らない。プロジェクトは目標を達成するための取り組みなので、目標達成を第一義に考えてメンバーを入れ替えたり、増員したりすることで、その達成の可能性をより強固にしていく必要がある。

しかし、PBL のような取り組みの場合、とりあえずプロジェクトの目標を考えるために、班分けのような形でチームが作られるのではないだろうか。このような場合、チームのメンバー同士は必ずしも旧知の仲とは限らない。また、目標や達成要件が明確になってから集まる場合もしかりだ。いずれにせよ、PBL のような急ごしらえのチームの場合、メンバーが相互に理解をしあうことが重要になる。チームのミーティングにおいて最初に、各自の得意不得意、個人的な目標等を相互に開示し、共有することは急なチーム形成において有効である。

理想的には、最初のミーティングで、右頁のようなフォーマットの表を作っておくのがよい。この内容をメンバーに開示しなければならないかはケースバイケースだ。情報管理等で開示が難しい場合は、リーダーのみ知っているのがよいだろう。また、メンバーから直接聞き出せればよいが、それが難しい場合もある。このような場合は、リーダーや、チームの編成担当者が、会話や会議の中での発話から情報を拾い出して作ることを推奨する。なお、この表は、プロジェクトが進むにしたがって、逐次改定されていくべきものである。

なお、PBL でのチーム編成であるが、PBL の場合、クラスの履

```
＜メンバー個人を把握するためのポイント＞
名前→
呼び方・あだ名→
連絡先→
得意なこと→
不得意／苦手なこと→
このプロジェクトで個人的に目指していること→
```

修者全員がひとつのプロジェクトに参加するという形にはなりにくい。複数のプロジェクトと、それぞれに取り組むチームが設定されることが多い。プロジェクトの目標や達成要件を検討する作業と、プロジェクトを実際に進める作業で、チームのメンバー構成が同じにならなければいけないという原則はない。プロジェクトに取り掛かる段階では一度メンバーの見直しをするべきで、教員もそれに留意すべきと筆者は考える。

　また、プロジェクトが進むにつれて、推進に必要な技能や知識が変わることがある。メンバーの目標が変わったり、事情で参加継続ができなくなることも発生する。このような場合は、プロジェクト間でのメンバーの入れ替えなどもやむを得ない。PBL では、教員側も上記のような柔軟な対応が必要である。

6　プロジェクトのスケジュール

　タスクがある程度明確になると、それぞれにどのくらいの作業時間が必要になるのかを考えることができるようになる。プロジェクトが始まる時点で、タスクは大雑把なものになるのが普通である。プロジェクトが進むにつれて逐次具体化していく。

　プロジェクトでは、期限（＝締め切り、納期）が重要である。や

めない限り失敗はないという考え方もあるが、現実の世界では何らかの線引きをしなければいけない。それがなければ、プロジェクト自体が成功も失敗もできない宙ぶらりんな状態になってしまう。スケジュールを立てる際に最も重要なのは、この期限を定めることである。設定された日時までに、目標が達成できたことを証明する成果物を、それを評価する第三者に指定された方法で示さなければいけない。時間軸という面で考えると、その提示ができなければプロジェクトは失敗だ。

7　プロジェクトを計画書にまとめる

　これまで説明してきたビジョン、目標、達成要件、タスク、メンバー、スケジュールは、それぞれ個別に考えただけでは不十分である。プロジェクトのメンバーが、常にそれぞれを確認できるようにしておく必要がある。その情報共有と意識化の手段が、計画書である。上記で説明した5つの要件は、プロジェクトを立ち上げる際に、最低限、決まっていなければいけないことに過ぎない。実社会の中でのプロジェクトでは、予算をはじめさらに多くのことを考える必要がある。PMBOK は、様々な観点からプロジェクトをとらえ計画書にまとめることを推奨している[3]。

7－1　計画は時間をかけて精密に

　PMBOK のような公的なガイドラインが導入されるような大規模なプロジェクトは、ロケットを飛ばしたりダムを作るようなレベルのものである。のべ数十万人の人が10年単位で働いて数百億円、

---

[3]　PMBOK で定められている観点ごとの計画書の例：1. プロジェクト憲章／2. プロジェクトマネジメント計画書／3. コミュニケーション計画書／4. 品質マネジメント計画書／5. 予算マネジメント計画書／6. 知財マネジメント計画書

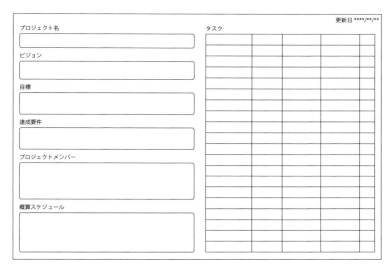

図4　簡単な計画書テンプレートの例

数千億円くらいの予算が使われるようなプロジェクトである。こういうプロジェクトだと、どこかで失敗が発生すると、それが巨額の損失につながる恐れがある。だから、計画策定のための計画が策定されたりする。即ち、計画の策定は時間をかけて精密に行われる必要がある。

　本書の付録として、筆者がこれまで使ってきた、大規模なプロジェクト用の計画書のテンプレートを巻末に掲載している。筆者が普段用いているフレームワークは、PMBOKで定義されているものをかぎりなく簡略化したものである。元々は、（株）ロフトワークの林千晶らがまとめた『Web製作者のためのPMBOK入門』で提案されていた各内容を様々なプロジェクトで活用する中で改変してきたもので、参考にしてほしい。

　しかし本書で念頭に置いているのは、このような途方もない大型のプロジェクトではなく、もっと身近なものである。筆者は規模の

小さなプロジェクトの場合に、図4のようなフォーマットを用いている。ひとつの書類として、これまで説明してきた5つのことがまとめられることにより、それぞれについてだけでなく前後の関係の中で5つのことを考えられるようになる。

7-2　計画の承認を得ることの大切さ

　プロジェクトを進めるうえでは、第三者から計画の承認を得ることも大切である。プロジェクトは目標を達成するための取り組みであり、その目標が達成できたかどうかを判断するのは、プロジェクトの評価者（＝第三者）である。したがって、目標の妥当性および目標に対しての計画の妥当性が評価者に受け入れられ、承認がなされなければいけない。もし承認されないままプロジェクトを始めてしまうと、評価者の求めている方向でないことが評価の段階で明らかになるといったことが発生する。評価者の求めている方向と全く異なる目標でプロジェクトを進めても、評価者には当然受け入れられないことから、そのプロジェクトは、結果的に全く評価されないことになる。このように第三者のプロジェクト自体の成果評価も視野に入れ計画を作り承認も得ておく。

7-3　計画はそこそこにしていおく

　通常、プロジェクトの初心者は、計画の重要性を理解すると計画を立てることに時間をかけすぎるきらいがある。しかし、計画の段階ではタスクを十分に洗い出すことはできない。おおよそのタスクと担当者の割り振りができた段階で、実際の作業に着手させ、取り組みの中で必要なことに気づいたら、忘れずにタスクとして計上していく習慣をつけてほしい。

7-4　計画は立てたら終わりというわけではない

　プロジェクトを始める上で、計画を立てること、計画書にまとめることの重要性を述べてきたが、計画書は、絶対のものではない。プロジェクトを進める上で必ず困難や新たな課題が出てくる。困難や課題をあらかじめすべて把握しておくことはできない。あわせて、プロジェクトを進めていった結果、設定した目標の間違いやそれが実は達成できない目標だったということも起こり得る。それゆえにプロジェクトを始める時点で策定した計画は、暫定的なものだと考えたほうがよい。

　プロジェクトの完了まで、常に計画書は改定されつづける。プロジェクトが置かれている状況と計画は、ほとんどの場合ズレるものである。許容できるズレなのか、許容ができないズレなのかを見極め、計画書を必要に応じて更新する必要がある。当然であるが、プロジェクトの計画書に整理したやらなければいけないことが予定通

コラム

ウォーターフォール型開発モデル

　昔のプロジェクトマネジメントの考え方では、計画差異や手戻りはできるだけ避けるべきもので、少なければ少ない方が良いとする考え方が主流だった。このような考え方はウォーターフォール方式と呼ばれている。滝の水が遡らないように、すべて上から下へと一方通行で進むという考え方である。ちなみにウォーターフォール方式の考え方は、プロジェクトの計画、実行のときの用語に残されている。具体的に言うと、今でも計画段階は上流工程、実行は下流工程と呼ばれている。

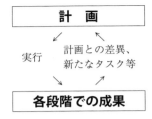

図5　計画は常に見直すもの

りにできたかどうかで、その次の作業にかけることができる時間が、増えたり、減ったりする。それぞれの作業の成果の出来栄えによって、次の作業の内容が決まるようなこともある。そもそも、作業が当初の想定よりも難しくて達成できなかったということすら発生する。実際の作業結果は、次の作業の計画に反映されるのだ（図5）。

　計画と実際の結果の間の違いは、「計画差異」と呼ばれる。特に、スケジュールが計画通りにならなければスケジュール超過、予算が計画よりも必要になった場合は予算超過と呼ばれる。なお、計画差異は作業完了のタイミングでわかることもあるが、作業の途中で予想できる場合もある。また、プロジェクトを進める中でそもそもの目標や達成要件が間違っていることがわかったり、プロジェクトを取り巻く状況が変わったりすることもある。

　本当の完璧な計画が出来上がるのは、プロジェクトが完了した瞬間である。即ち、計画書が適切に逐次更新されていたならば、プロジェクトが完了した時点で、計画書には最終的に達成した目標、目標を達成するまでに発生した一連のタスク、最後まで取り組んだメンバー一覧が書かれていることだろう。

　昔のプロジェクトでも、プロジェクトを進めていると必ずと言って良いほど計画差異や手戻りが発生していた。そこでプロジェクトのスケジュールや予算はかなり余裕を持たせるという対応方法がとられてきた。

　一方で現在のプロジェクトでは特にスケジュールについて計画から実行、そして達成までのスピードが求められている。これは、社会状況（外部要因）の変化の速度が、昔よりも早くなっているから

である。特に ICT（情報通信）分野ではそれが顕著である。だから
ICT 分野のプロジェクトでは、プロジェクトを計画する各段階で、
あらゆることを事前に想定することは不可能なのでそもそも手戻り
を避けることができない。計画差異や手戻りは必ずしも避けなけれ
ばならないものとはしない考え方が共有されつつある。このような
考え方は「小さな失敗を素早くたくさん繰り返す」という言葉で表
される。目下社会状況の変化が早くなり新製品や新企画、新サービ
スの開発競争が激しいため、プロジェクトとして取り組んでいたこ
とが、ライバル企業に先を越されてしまうということが、しばしば
発生する。ゆえに方針転換に対しての許容度を高くしておく必要も
ある。

まとめ

●プロジェクトの計画は、ビジョン、目標、達成要
件、タスク、メンバー、スケジュールの順番で決
まっていく。

●それぞれの項目を決める際に、ひとつ前の段階が適
切か、十分検討されているかが評価され、十分でな
ければひとつ前の段階に戻って考える。

●計画はできたら終わりではなく、プロジェクトが実
際に進んでいく中で、見直される。

プロジェクトを進める技

1 プロジェクトを進めるためにはマネジメントが必要

　再三繰り返すが、プロジェクトとは目標を達成するための取り組みである。前章で、プロジェクトの計画の立て方について説明をした。しかし、計画しただけではプロジェクトは進まない。具体的に取り組む必要がある。取り組むということは、単に誰かが作業すれば良いということではない。取り組みが計画通りに進んでいるのか、新たに課題が発生していないか、発生した課題が目標達成に寄与することかなど、様々なことを常に判断し作業量やペースを最適配分しなければいけない。そうでなければ、作業の重複や抜け漏れ、目標の達成に寄与しない無駄な作業等が生じる。このようなことが発生しないように、プロジェクトを「運営」する必要がある。本書ではプロジェクトを運営することを以下「プロジェクトマネジメント」と呼ぶ。

2　プロジェクトマネジメントとは何か

　プロジェクトという言葉の語源、意味については、本書の冒頭で説明したのでここでは割愛する。マネジメントという言葉も、プロジェクト同様、様々なところで登場する言葉だ。

　マネジメントという言葉の和訳として「管理」という言葉がしばしば用いられる。管理という言葉には、上から指示して作業をさせるという意味合いが強い。このことからプロジェクトマネジメントの仕事のあり方として、命令をするようなイメージが付きまとう。しかし、実際のところ、マネジメントは管理と訳すよりも「運営」としたほうが、より実際の取り組み方や期待される役割に近い。マネジメントは、プロジェクトの各作業が遅滞なく進むように状況を把握して、順番や担当者を割り当てたり、障がいになっていること等を取り除いたりしつつ、プロジェクトが円滑に進むことができる状態にすることである。

　だから、マネジメントをするためには、現在の状態がどうなっているかを把握したり、そもそも何が正しい状態なのかを判断するための道標的な「正しい状態」がまとめられたもの（つまり、計画書や設計書等のドキュメント類）が必要になる。そしてマネジメントをする人はマネージャーと呼ばれる。

3　プロジェクトをマネジメントするということ

　プロジェクトマネジメントをもう少し具体的に見てみよう。

　プロジェクトは、メンバーの取り組みによって目標を達成することなので、マネージャーは各々の取り組みが目標達成に寄与できるのかどうかをあらかじめ判断する必要がある。そしてプロジェクト

が今どうなっているかを把握して、この先どうなるかを予測し目標達成のために人材、時間、資金等を調整する。プロジェクトが良い状態なのかどうかを考えるために必要になるのが計画書や設計書であり、計画書通りに進んでいるか、もし進んでいないならば、その原因は何かを考えて、対策を立てて実行するのもマネージャーの仕事である。また、逆にプロジェクトが進み、計画書のほうが間違っているということがわかることもある。その場合は計画の変更も行う。またそもそも目標が正しくないことがわかることがある。その場合は、目標を再設定して、計画書類を見直す作業にも着手する。

　まとめると、プロジェクトマネジメントは、計画（プロジェクトで想定している正しい状態）と実際の状態の間に立ち、正しい状態にするために様々な調整をすることなのである。

3－1　リーダーシップとマネジメント

　プロジェクトを進めるためには、マネジメントの考え方に加えもうひとつ重要な考え方がある。それはリーダーシップである。リーダーシップを実行する人を我々はリーダーと呼ぶ。マネジメントはプロジェクトが正しく進むための機能であり、マネージャーはそれを実行する人である。リーダーシップはリーダーの行動のあり方で、例えば、プロジェクトのメンバーの前に立ち進むべき方向を指し示して、士気を鼓舞しつつ共に進む姿として現される。

　マネジメントとリーダーシップの2つは、プロジェクトメンバーを動かす立場という観点では共通している。しかしプロジェクトでの役割や期待される成果は異なるものである。

　マネジメントは、簡単にまとめるとプロジェクトの進み具合を把握することである。文化祭のような学校行事を例に考えると、トラブル無く予算内にスケジュール通りに進め、目標を達成させるのがマネジメントである。一方、リーダーシップは、それまでとは違う

コラム

リーダーシップについての補足

　現在様々なリーダーシップやマネジメントのあり方が提案されており、それぞれに一長一短がある。ここでは、コラムとしてリーダーシップおよびマネジメントの実際についてもう少し言及する。

【そもそもリーダーシップは、独善的であってはならない】

　リーダーの役割は多岐に及ぶが、プロジェクトの中で意見が対立したときに、最終的なプロジェクトのチームとしての合理的な判断をする役割をまずあげておく。この前提として、リーダーはプロジェクトの目標、そしてビジョンやミッションを誰よりも深く理解していなければいけない。また誰よりも、各メンバーがどのように考えているか、何を正しいと感じているか等を常に理解している必要がある。そのためには、常に各メンバーと対話を心がける必要がある。

【リーダーシップは、時としてプロジェクトを破壊することがある】

　プロジェクトの正しさは、目標に向かっているかどうかで計られる。しかし、目標がプロジェクトの最中に変更されることがある。例えば、ライバルのグループが先に目標を達成してしまったような場合、プロジェクトを中止するか、ビジョンやミッションに基づき目標を再設定することになる。また目標をより高く達成するために、メンバーの取り組み方に手を加えたり、担当の範囲を超えた取り組みなどを求めるようなこともある。しかしこれは、目標を達成するため、さらには成功させたいという意思の結果でもある。リーダーシップはプロジェクトを最速で目標に向かって進めるためのものではなく、正しさや目標達成の先にある成功に向けて、プロジェクトを常に改善し続けるためにある。だから、プロジェクトは時としてリーダーシップが原因でうまくいかなくなることもある。

文化祭を構想し実行することである。マネジメントとは「立ち進むべき方向を指し示して、新しいことを生み出す点」が異なる。マネジメントは、計画・予算を重視する。作業や人を組織化し、能力に応じて人を配置して計画を進める。リーダーシップは、ビジョンやミッションをメンバーに示し、モチベーションを喚起させて、メンバーの一人一人の能力を引き出したり、モチベーションを高めたりする。

マネジメントでは新しいことや何かを変えるということは難しいが、リーダーシップではビジョンやミッションが合致するならば、メンバーが主体的に新しいことや何かを変えるということにトライすることになる。マネジメントは「どうやるか（How）」を重視し、そこから物事をとらえプロジェクトを進める。一方のリーダーシップは、「何をやるのか（What）」や「なぜやるのか（Why)」を重視して、そこから物事をとらえプロジェクトを進める。この点が違いである。

リーダーシップを担うのはリーダー、マネジメントを担うのはマネージャーであるように思われるかもしれない。ところがこの考え方は間違っている。リーダーとマネージャーのそれぞれに、リーダーシップとマネジメントの双方の知識が必要であり、リーダーがいつでもマネージャーに変わることができ、またマネージャーも必要に応じてリーダーに変わることができる状態が理想的である。

実際、リーダーにもマネージャーにも向き不向きがある。リーダーには常にビジョンやミッションを自らの言葉で語り、進むべき方向を示し続ける力が求められる。プロジェクトを旅に例えるならばリーダーは、チームの中にあって、進むべき方向を指し示しメンバーと共に旅をする。マネージャーには、目標を作業に落とし込んで、メンバーに作業を割り振って、責任や範囲を明確にする力が求められる。マネージャーは目標を達成するために必要な人やモノやカネ

を調達して、環境を整備したりビジョンやミッションを実現するための組織や仕組を作る。即ち、旅をする人ではなく、路を整備したり、地図を用意する役割である。リーダー＝メンバーと目標を達成する人、マネージャー＝メンバーに目標を達成させる人と表現しても差し支えない。リーダーが同時に進められるプロジェクトの数は、マネージャーに比べて圧倒的に少ない。したがってリーダーは、プロジェクトをどのくらいの質で成功させたのかが評価される。一方で、マネージャーはリーダーに比べ多くのプロジェクトに携われる。その代わりにどれだけ多くのプロジェクトを成功させたか、量的な評価が通常用いられることになる。

4 タスクの管理

　プロジェクトが期日までに完了するには、すべてのタスクが完了する必要がある。別の言い方をすれば、プロジェクトが進むということはタスクを減らすということである（図6）。ここでは、タスクをどのように管理するかを考える。タスクは、プロジェクトの目標が達成できたと言えるための条件を満たすのにやらなければいけないことである。だから、タスクはプロジェクトの目標達成に貢献する内容でなければいけない。タスクは最初から全部出揃っているわけではなく、段階的に詳細になっていく。

　タスクが大きい段階だと、それに必要な時間の見積もりは甘いものとなる（大抵短くなっている）。タスクが細分化されていくにしたがって、時間の見積もりの精度は高まっていく。ほとんどの場合、細分化される前よりタスクの見積もり時間が増えていく。その一方で、プロジェクトの時間には期限がある。ゆえに単純なリニアモデルでは考えられない。ここが難しいところである。

第3章 プロジェクトを進める技　49

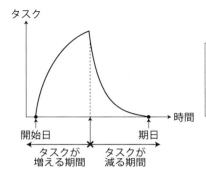

プロジェクトのタスクは、始まった時点ではほとんど無く、プロジェクトが進むに従って、増やせる限界まで増える。これ以上増やせなくなったら減り始める。

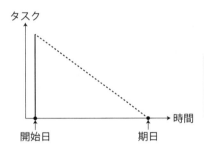

初学者がイメージするタスクの増減。最初にすべてのタスクが計上されていて、プロジェクトはそれを減らす作業と考えがちである。

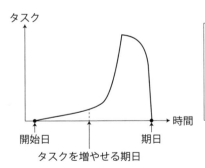

適切ではないタスクの増減。
・タスクが増やせる期日を超えても増えている
・タスクが開始日からだいぶたってから急に増えている
・タスクが最後期日直前になって急減している

図6　プロジェクト期間中のタスクの増減

4－1　プロジェクトのタスクは簡単に減らない

　プロジェクトが始まる時点ですべてのタスクが出揃っていて把握できているということは通常ない。大抵の場合は、プロジェクトに取り組んでいると段々とあれが足りない、これが足りない、あれもやっておかねば、これもやっておかねばという感じで、タスクは増える。例えば、担当者の割り振りやタスクの進捗確認、打ち合わせの調整をはじめプロジェクトが始まることで初めて生じるタスクも少なからずあるものだ。

　また、ひとつのタスクと考えていたものが、実際は複数のタスクだったことに、手をつけてみてから初めて気づくこともある。挙げ句の果てにはタスクが相互に関連しあっていて、どちらを先につけたらよいか容易にはわからない、タスク同士に矛盾があることに始めてから気づく、ということもある。そういうことを逐次調整する作業もまた、タスクなのである。

　プロジェクトを進めるということはタスクを減らすことだと述べたが、タスクは容易には減らないものである。むしろ、どんどん増殖していく。さらにはタスクが増えていく間にも刻一刻と時間は過ぎていきプロジェクトの期限が迫ってくる。

4－2　プロジェクトを可視化する

　重要なので繰り返すが、プロジェクトが目標を達成するということは、期日までにすべてのタスクが完了するということと同意である。だから、プロジェクトを進めていくためには、どのようなタスクがどのくらいあるのかを常に把握している必要がある。タスクの量と質を把握していないということは、タスクが減っているか増えているかがわからないということだ。

　だから、プロジェクトのタスクが今どのくらい残っているのか、どのように進んでいるのか、といったことをプロジェクトのメンバ

ーが見て理解できるようにしなければいけない。そのための道具が、次に説明する要望管理表と課題管理表だ。

4 - 3　要望管理表とその書き方

　プロジェクトの計画ができると、ようやくプロジェクトを始めることができる。しかし、それは思いついた作業を思いついた順番に取り組めばよいということではない。

　効率の観点から、作業の重複はできるだけ減らし、最適な順番を考える必要がある。だから思いついたまま始めるのではなく、どんな作業があるのかということを一旦何らかの形でまとめ、見ることができるようにしなければいけない。すべての思いついた作業がやらなければいけない作業であるとは限らないのだ。

　プロジェクトが進むと、優先順位や難しさ、置かれている状況など、様々な理由でやらなければいけないと思われる作業が出てくる。しかし、思いついたけれどもやらなくてもよいことが含まれる。だから作業を仕分ける必要がある。仕分けるためには、まずは、どこかにまとめなければいけない。そこで、「要望管理表」という形で最初に思いついた、やらなければいけないと思われることを可視化しておく。やらなくてよいことも出るかもしれないが、いかなる事態にも忘れてしまわないように書き出しておくことが大切である。また思いついたことがプロジェクトが目標を達成するために大切なことかどうか、プロジェクトがある程度進まないと判断できない場合もある。最初に思いついた、やらなければいけなそうなことを要望管理表にまとめ、取捨選択の判断をして本当にやらなければいけないことになったものを後述の「課題管理表」に転記する。

　要望管理表の書き方は、プロジェクトの状況によって様々である。プロジェクトの始まりのタイミングでは、ノートに手書きでもよいし、ホワイトボードや模造紙に付箋紙で書き出すというのでもよい。

表1　要望管理表の例

要望	計上日	重要度 （高・低）	実施（検討 中・する・ しない）	判断理由
A市の歴史を調べる	○○○○ 年○月○ 日	高い	する	A市の魅力を発信するうえで、A市の歴史の中に良いコンテンツがある可能性がる
ウェブサイトにA市にある特徴的なお店の宣伝を乗せる	○○○○ 年○月○ 日	高い	検討中	A市の魅力の一つになるが、大学の取り組みとしてよいか検討が必要
リーダーの名刺が欲しい	○○○○ 年○月○ 日	低い	しない	必須ではない
緊急連絡先リストをつくる	○○○○ 年○月○ 日	高い	する	緊急連絡等に必要、報告書を書くときにも必要
かっこいい写真が欲しい	○○○○ 年○月○ 日	低い	しない	カメラマンの費用が払えない。（必要な写真のスペックを明確にする）
必要な写真のスペックを明確にして再度検討する	○○○○ 年○月○ 日	高い	する	

ソフトウェア（スプレッドシート等）や情報サービスを使ってもよい。ブレインストーミング等と同じで気づいたことは重複してもよい。ある程度出尽くした段階の次にスプレッドシートの形でまとめ、プロジェクトのメンバーが常に見ることができるようにする形がよいだろう。

　筆者はプロジェクトのメンバーでデータを共有して読み書きがで

きる環境として、Google スプレッドシート[1] が便利だと考える。スプレッドシートにまとめるときには、表1のようなフォーマットを用いているので、参考にしてほしい。ちなみに、この表は「A市の魅力を発信するPBL」を想定したものである。

この表で特に重要なのは、項目として要望を書くだけではなく、重要かどうか、実施するか（即ち、課題管理表に記載するか）、その判断はどのような理由に基づいているか等を要望ごとに記述することだ。判断理由が明確になっていれば、その判断の前提が覆った場合などに対応することができる。

なお、この表のフォーマットはあくまで参考で、すべてのプロジェクトでこのフォーマットが使えるものではない。プロジェクトごとに、記述されるべき情報は変わってくる。例えば、「誰が判断したか」、「費用」や「時間」がどのくらいになるかなどである。

4－4　課題管理表とその書き方

要望管理表から課題管理表への転記の時点で思いついた、やらなければいけないことがタスクとなる。タスクが期日までにすべて完了すればプロジェクトは目標を達成したことになるのだから、課題管理表はプロジェクトの状態そのものだ。

しかし思いついたことは、実現できるかどうか、どのように実現するかが十分に考慮されたものではない。時に願望に近いものもある。そうしたものをタスクとしてそのまま記載することはできない。課題管理表に記載する時点でいつまでに、誰がどのように実施するか、詳細に記述する必要がある。

要望管理表から転記されるタスクの多くは、より細かなタスク（子タスク）の集まりになっている。プロジェクトが進むにしたがってタスクは子タスクに分解される。孫、ひ孫という形で何段階に

1）https://spreadsheets.google.com/

表2　課題管理表（プロジェクトが始まるとき）

項目	説明	担当者	計上日	期限	達成要件	前提となる作業
計画を立てる			○○○○年○月○日	○月 × 日	計画書がドキュメント化される。担当教員に提出される	

　課題管理表の最初に計上される課題は、計画をすることそのものである。プロジェクトによっては、「会議をする」ことから始まる場合もあるだろう。課題管理表には、一見自明なことも含まれる。これは、見落としを防ぐためでもある。

も細分化されることもある。タスクが細分化されるのに伴い、課題管理表は充実していくことになる。このようなプロジェクトの進め方を「段階的詳細化」と呼ぶ。そうしたことからも課題管理表は、要望管理表と異なり、通常はツリー構造（木構造）になる。表2に、課題管理表の例を示す。

　課題管理表は、タスクを単純にリスト化するものではない。プロジェクトの内容によって書き方は変わってくるが、基本原則は「誰が、何を、いつまでに終わらせるのか」と「作業の前提になる他の作業は何か（作業間の関係性）」を明記することだ。最初は大項目しかないものがプロジェクトの進展で中項目、小項目という形で細かくなる。同時に具体的な作業になる（表3、表4）。具体的になるとようやくそのタスクが「できているのか」、「進んでいるか」を把握することができるようになる。

5　プロジェクトの進捗確認

　筆者はプロジェクトを観る上で下記３つの観点を持つ。

　ひとつ目の観点は「決める」と「やる（取り組む、実行する）」というものである。プロジェクトでやることは、概ね、このどちらかに集約される。プロジェクトでは、ＡかＢのどちらにするのか、ＹｅｓかＮｏか、やるかやらないか等を判断する。プロジェクトを進める際には、常に判断が発生する。誰かが判断しなければプロジェクトが目標を達成することも難しい。そもそも、プロジェクトの目標も決めるものであるし、プロジェクトを始めるのも始めると決めなければ始まらないのだ。そして、決めたことを「やる」ことになる。実際に、時間とエネルギーを使って作業をしなければ、プロジェクトは目標達成に向かって進まない。調べる学習ならば、調べなければ必要な情報は集まらない。ものづくりのプロジェクトならば実際に作らなければものはできない。プロジェクトは、常に「決める」、「やる」という２つの手順でできている。換言すると、「意思決定（＝判断）」と「実行」から成立している。

　２つ目の観点は「増える」と「減らす」というものである。プロジェクトは、タスクとして表わされる様々な作業によって構成される。プロジェクトは期限（締め切り）があり、締め切りまでにタスクがすべて完了すれば（達成度や出来栄えのことを除けば）目標は達成されたことになる。プロジェクトが進むということはタスクが減っていくということだ。ところが、タスクは簡単には減らない。プロジェクトが始まり「やらなければいけないこと」に抜け漏れがあったり、簡単なタスクだと思ったことが、実は非常に難しかったり、とあるタスクを完了させるためには他のタスクを先に完了しなければいけないということがわかることもある。しかも、完了しなけれ

表3 課題管理表（「計画を立てる」が詳細化された段階）

大項目	小項目	説明
計画を立てる		
	ビジョンを策定する	プロジェクトが寄与する未来の姿、状況を説明する文章を作成する。プロジェクトメンバ全員で検討し、リーダーがまとめる
	目標を設定する	
	プロジェクト名を決める	プロジェクトの内容が一言で伝わる名前を決める
	達成要件をリストにする	プロジェクトの期限までにできていなければいけないことをリストにする。
	スケジュールを策定する	プロジェクトの期限までの取り組みの流れを大枠で決める
	メンバーを見直す	計画を検討したメンバーが、計画を実施するのに最適なメンバーかどうかを検討する。過不足があれば、メンバーの入れかえなどを行う。
計画書を作成する		計画を立てる

「計画を立てる」という課題がより詳細な課題に分割され、実施された段階の課題管理表の例を示す。項目は「大項目」と「小項目」に分けられている。

ばいけないタスクの成果物に問題が生じたりすることもある。プロジェクトが進むとタスクは増減しながら全体的には減るはずだと思ってしまいがちだが、簡単には減らない。課題管理表を用いて「増える」と「減らす」という観点でプロジェクトの状況をとらえることが重要だ。

　3つ目の観点はプロジェクトの残り時間である。プロジェクトは

第3章　プロジェクトを進める技　57

担当者	計上日	期限	達成要件	前提となる作業	達成状況
	○月×日	○月×日	計画書がドキュメント化される。担当教員に提出し、承認を受ける	特になし	達成
プロジェクトリーダー、担当教員	○月×日	○月×日	文章化される	特になし	達成
	○月×日	○月×日	プロジェクトとして取り組むことが説明できている	ビジョンの策定	
	○月×日	○月×日	プロジェクトのメンバ以外のひとに説明してわかってもらえるかを確認する	目標を策定する	
	○月×日	○月×日	プロジェクトのメンバ以外のひとに説明して、理解してもらえるかを確認する	目標を策定する	
	○月×日	検討中	メンバーが確認し、実施可能かを顕彰する	達成要件をリストにする	
プロジェクトリーダー	○月×日	検討中	メンバーのリストができる	計画書を作成する	着手
リーダー、マネージャー	○月×日	○月×日	担当教員に提出する	計画を立てる	

課題管理表は、目的や状況に応じてフォーマットが見直されることで、より精度の高い管理が可能になる。前提となる作業は、課題に着手するためにあらかじめ完了していなければいけない項目である。

　目標を達成するための取り組みで、目標には、期限が含まれている。だから、期限までの残り時間を考える必要がある。残り時間によって判断の基準が変わったり、取り組み方が変わったりする。上記の3つの観点を組み合わせることで、プロジェクトの観察・整理をすることができるようになる。

表4　課題管理表（プロジェクトの実作業開が少し進んだ段階）

課題番号	大項目	小項目	説明
1	計画を立てる		
1-1		ビジョンを策定する	プロジェクトが寄与する未来の姿、状況を説明する文章を作成する。プロジェクトメンバ全員で検討し、リーダーがまとめる
1-2		目標を設定する	
1-3		プロジェクト名を決める	プロジェクトの内容が一言で伝わる名前を決める
1-4		達成要件をリストにする	プロジェクトの期限までにできていなければいけないことをリストにする。
1-5		スケジュールを策定する	プロジェクトの期限までの取り組みの流れを大枠で決める
1-6		メンバーを見直す	計画を検討したメンバーが、計画を実施するのに最適なメンバーかどうかを検討する。過不足があれば、メンバーの入れかえなどを行う。
1-7		計画書を作成する	計画を立てる
2	達成要件1：コンテンツの作成		A市の魅力を調査し、コンテンツを作成する
2-1		取材先を決める	複数の候補を挙げる
2-2		事前調査をする	図書館、市役所観光課等で取材先について調べる
2-3		インタビューをする	
2-4		写真を撮影する	
3	達成要件2：ウェブサイト開発		魅力発信プロジェクトにウェブサイトを構築する
4	達成要件3：評価		A市の市民にウェブサイトを見てもらい、フィードバックを得る

この段階になると、タスクの数が増えるため、タスクに番号を設定するようにフォーマットが見直されている。

第3章　プロジェクトを進める技　　59

担当者	計上日	期限	達成要件	前提となる作業	達成状況
		○月 × 日	計画書がドキュメント化される。担当教員に提出し、承認を受ける	特になし	達成
リーダー、担当教員		○月 × 日	文章化される	特になし	達成
リーダー		○月 × 日	プロジェクトとして取り組むことが説明できている	ビジョンの策定	達成
リーダー		○月 × 日	プロジェクトのメンバ以外のひとに説明してわかってもらえるかを確認する	目標を策定する	達成
リーダー、ティーチングアシスタント		○月 × 日	プロジェクトのメンバ以外のひとに説明して、理解してもらえるかを確認する	目標を策定する	達成
リーダー、マネージャー、ティーチングアシスタント		○月 × 日	メンバーが確認し、実施可能かを顕彰する	達成要件をリストにする	達成
リーダー、マネージャー、担当教員		○月 × 日	メンバーのリストができる	計画書を作成する	着手
リーダー、マネージャー		○月 × 日	担当教員に提出する	計画を立てる	
コンテンツ制作グループ		○月 × 日	ウェブサイトに入力する情報がそろう		
ウェブサイト制作グループ		○月 × 日			
検討中		○月 × 日			

5−1　課題管理表をどう評価するか

　プロジェクトの状況を評価する際に最も重要でわかりやすい観点はプロジェクトの残り時間である。残り時間を評価の観点として用いるとプロジェクトはその時点でタスクが増える段階（増えてよい段階）なのか、減る段階（減らなければいけない段階）なのかが明確になる（図7）。プロジェクトが始まって間もない段階だとタスクは逐次増えるし、通常増えてもよいと考える。一方でプロジェクトが期限に近づいてきたら、タスクは減っていかなければいけない。プロジェクトの終盤にタスクが増えると、プロジェクトが期限までに目標達成することができなくなる可能性も高まる。

　課題管理表の上で細分化されたタスクは、それぞれを取り出すと難しいものではない。しかし、それひとつだけでは、プロジェクトを進めることに大して寄与しない。タスクが組み合わさり連続技のようにつながるとプロジェクトを進める機能を果たすようになる。

　ただし、タスクをただ闇雲に組み合わせればよいということでもない。ほとんどのタスクは、相互に矛盾している部分がある。例えば計画を立てるという作業は、実際の作業を始めるタイミングとトレードオフの関係を含んでいる。皆さんも「計画倒れ」なる言葉を聞いたことがあるはずだ。計画ばかりをしていて実際の作業が全く進まない、あるいは実際の作業に充てられる時間が減っていってしまう状態が良い例である。このようなタスク

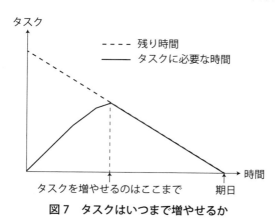

図7　タスクはいつまで増やせるか

第3章　プロジェクトを進める技　61

＜プロジェクトを見る眼＞

・プロジェクトのタスクは単に減ればよいというわけではない。
・タスクは初期では増えるのが正しい。どこかのタイミングで減り始めなければいけない。
・プロジェクトにはモードがある。
・増えるべきときにタスクが増えないのは問題、減るべきタイミングで減らないのも問題である。

の矛盾的な関係が、課題管理表の中には限りなく存在している。

　このような状況の中で、プロジェクトを進めるにはどのように考えればよいか。それは実はすでに述べられている。「目標を達成する」ことができるかどうかということで決めればよい。目標を達成しなければいけない期日までの時間が少ないなら、計画もそこそこに作業に着手すべきと判断できる。何がどうなったらプロジェクトの目標が達成できることになるのかということから、取り組むべきことや優先順位を決める。取り組むべきタスクはプロジェクトの目標を達成するためのもので、自ずと決まる。

5 − 2　タスクの観察

　プロジェクトがうまく進んでいるかどうかは、プロジェクトのタスクの残数を確認できればよいということになる。確かめたいときに、毎回タスクの数を数え直したり可視化したりするのは、効率的ではない。最も良い方法は、一覧表や自動集計する仕組みを使うなどの方法でプロジェクトを常時時間をかけずに可視化することである。プロジェクトの状態を可視化する方法は様々なものがある。広く使われているのは WBS（Work Breakdown Structure；作業とその関係性の可視化をしたもの）とガントチャートの組み合わせで作業項

表5　WBS とガントチャートを組み合わせた例

課題番号	大項目	小項目	担当者	4月15日	4月16日
1	計画を立てる				
1-1		ビジョンを策定する	リーダー、担当教員		
1-2		目標を設定する	リーダー	⟷	
1-3		プロジェクト名を決める	リーダー		⟷
1-4		達成要件をリストにする	リーダー、TA		
1-5		スケジュールを策定する	リーダー、マネージャー、TA		
1-6		メンバーを見直す	リーダー、マネージャー、担当教員		
1-7		計画書を作成する	リーダー、マネージャー		
1-8		計画を提出する	リーダー、マネージャー		
1-9		計画を修正する	リーダー、マネージャー		

目を可視化する方法である。

　WBS もガントチャートも専用のソフトウェアを使う場合があるが、最も簡単に用意する方法は、課題管理表の横に、時間軸を加え、作業がいつからいつまで行われるのかを期間として図示する方法である。達成された作業を表す矢印の色を変えるなどの工夫を加えてもよい（表5）。

　また WBS でも課題管理表と同様に作業項目やタスクはツリー状に整理する。ツリー状にすることで作業の全体像と詳細の両方を同時にとらえることができる。

　課題管理表についての説明でも述べたが、作業には、担当と期限がある。また、次の作業やその作業を始めるために完了していなければいけない作業がある場合もある。そして、簡単に終わらない作業の場合や作業に関連して検討や議論をしなければならないこともある。WBS で、プロジェクトの最初から最後までをすべてまとめ、

4月 17日	4月 18日	4月 19日	4月 20日	4月 21日	4月 22日	4月 23日	4月 24日	4月 25日	4月 26日	4月 27日

現在、誰が何をどういう理由で取り組んでいるかを一目瞭然にすることで作業の関連性やプロジェクトの状況を常に把握することができる。もし WBS に載っていない作業や、するべきタイミングではない作業をプロジェクトのメンバーがやっていたら、それは何かがおかしい。本当は必要がない作業の可能性、またはプロジェクトの取り組み全体で何か抜けている可能性、そのどちらかである。新しく作業が発生したら WBS に書き加えていくことにする。WBS とガントチャートの組み合わせはプロジェクトで何がどう行われたか、今何が行われているのか、この先何が行われるのかを常に表し続ける道標のようなものだ。

　なお、プロジェクトマネジメントの専門家は複数のプロジェクトを同時並行で進めることができる。これは常に並行的に計画書とWBS を改定し続けていることによるところが大きい。計画書とWBS が正しく運用されていると、プロジェクトについて、覚えて

いなければいけないことを減らすことができる。覚えていなくても計画書と WBS を状況と比べることで判断ができるためだ。

5 - 3　コミュニケーションを観察する

　プロジェクトを進める上では、コミュニケーションも重要になる。コミュニケーションのツールや手段等は、コミュニケーション計画書に記載することになる（巻末資料参照）。タスクの進め方などの個別の議論については、タスクごとに議論したことと決めたことを記録していくことになるが、それ以外の定常的なコミュニケーションも重要である。コミュニケーションで重要なのは「オンライン、オフライン」と「同期、非同期」の 2 つの考え方であるので覚えてほしい。

■オンラインとオフラインについて

　現在のコミュニケーションの手段は、メールや LINE 等のチャットツールのようなインターネットを利用したツールとミーティング等の直接会う方法とに大別できる。テレビ会議システム（例えば Skype）はこの中間に位置する。現在のコミュニケーションは、これらを活用するのが当たり前になっている。チャットの使い方の代表的なものとしては、プロジェクトメンバー全員が入っているチャット（LINE だとグループ）と、個別のテーマやサブのグループごとのチャットを用意し、コミュニケーションの内容に応じて使い分けるというものがある。チャットの方法をタスクの種類やメンバーの性格、コミュニケーションの効果・効率等を考えて、適切に分けておくことで話題を限定し効率的なコミュニケーションを図ることができる。

　一方でチャットでのコミュニケーションの場合、言葉じりをとらえた議論になり紛糾しやすい。紛糾した場合はチャットを離れ、直

第3章 プロジェクトを進める技 65

> **コラム**
>
> ## プロジェクトにおけるコミュニケーションのコツ
>
> 日常の会話や趣味や興味、嗜好に関する友達との会話に比べ、プロジェクトを推進するうえで発生するコミュニケーションは慣れるまでは難しい。これは、プロジェクトを進めるためのコミュニケーションの基本は、決定するための議論と、決定事項の伝達の二つしかないためだからだ。
>
> 例えば、タスクがビジョンや目標に基づいているかどうかを議論し、実施するかを判断する。そしてそれを担当者（課題の提案者）に伝える。作業のやり方やタイミングを指示するといったことだ。
>
> メンバーがビジョンや目標を十分に支持していない、共感できていないような場合、特に決定事項の伝達は、トップダウンでの押し付けとして受け取られてしまうことがある。また、プロジェクトのリーダーやマネージャーの経験が十分ではない人は、指示や判断を伝達する際、このような受け止められ方をするのではないか、それによってリーダーやマネージャーは自身がメンバーから悪く思われるのではないかと考えてしまうことがある。最もよくないのは、このような想像が先に立ち、正しい判断ができなくなってしまうことだ。
>
> このようなことを避けるために意識してほしいのは、「判断」と「伝え方」を分けて考えることである。あくまで正しく判断し、伝え方を工夫する。理由を明確に説明する。言葉遣いに配慮するなど、工夫の仕方は様々である。

接会う、電話をするなどの形でコミュニケーションをとる。そして問題が解決したらチャット上でメンバーに報告すればよい。重要なのは、単一的に特定の方法ですべてのコミュニケーションを取ることは効果的でないということである。

■同期と非同期について

　筆者は、オンラインでのコミュニケーションがリアルタイムに、相互に同期してやりとりが必ず行われる、という前提を持たないほうがよいと考えている。

　LINE や Facebook Messenger 等の SNS では、メッセージが相手に届いたか、相手が読んだのか（正しくは、チャットを開いたというだけで、メッセージが目に入って、認識されたかどうかまではわからない）がわかるようになっている。このような仕組みが原因となって「既読スルー」（メッセージを読んだだけで返信しないままにしておくこと）といった問題も生じている。オンラインのコミュニケーションは相手がいつ読むか、いつ返信してくるかは、こちらの都合で決められない。もし、重要で大急ぎの場合は、電話をすればよい。繰り返しになるが、ひとつのツールですべてのコミュニケーションを完結させようとするのが、最もよくない姿勢だ。

　電話をかけるのは恥ずかしいという人もいる。しかし、最も重要なことは「プロジェクトの目標を達成すること」だということを忘れてはいけない。最も重要なことの前では、何を使ってコミュニケーションをするのかはどうでもよい話なのである。

5-4　プロジェクトをサポートするツール

　本書ではプロジェクトを可視化するためのツールとして WBS を紹介した。プロジェクトが複雑ではない場合は、Microsoft 社の Excel で十分だ。また、プロジェクトメンバーが共有できるようにすることを考えると Google スプレッドシートでもよいだろう。何を使うにしても大切なことはメンバーで WBS を共有し、メンテナンス（内容追加や更新等）ができる状態にしておくことだ。

　しかし、プロジェクトの規模が大きくなると、Excel や Google スプレッドシートで作成した WBS による管理は難しくなる。それ

それのタスクについて、議論して決めなければいけないことが出て
くると、特に顕著になる。そうなると、プロジェクトを管理するた
めのツールやサービスの利用を考える必要がある。筆者はこれまで
に様々なツールを使ってきた。どのツールにも共通しているのは、
(1) タスクが登録でき、(2) それぞれにつきコメント機能を通じて
議論することができ、(3) 最後に、タスクが完了したらそのタスク
に完了マークをつけることができることだ。

　この機能を満たしているサービスとして一般的なものとして以下
の2つを挙げる。無論これら以外にも様々なサービスがある。
Google 等の検索エンジンで、「タスク管理サービス」等のキーワー
ドで検索し、どんなサービスがあるかを知っておくとよい。
・Backlog（https://backlog.com）
・Redmine（http://redmine.org）

まとめ

●プロジェクトを進めるためにはマネジメントが必要
　である。

●プロジェクトを進める中で出てくる作業は、いきな
　り取り組むのではなく、要望管理表にまとめ、プロ
　ジェクトの目標達成に必要なことかを判断したうえ
　で、課題管理表に転記し、取り組む。

●プロジェクトチームはタスクが増えてよい段階と減
　らさなければいけない段階がある。段階が切り替わ
　るタイミングは、プロジェクトの残り時間をタスク
　の完了にかかる時間の合計が超えそうになったとき
　である。

●タスクの管理には、WBS などのツールを使い、常時
　可視化、省力化を図る。

コラム

Backlogを用いたタスク管理

　現在、様々なタスク管理サービスが提供されている。それぞれ特徴や一長一短がある。ここでは、株式会社ヌーラボが提供するプロジェクトマネジメントサービスBacklogを用いたタスク管理を例として紹介する。

　Backlogはウェブサービス等の開発の現場で普及しているサービスのひとつである。機能の制限はあるが、無料プランが提供されており、ユーザーも多い。

　Backlogでは、プロジェクト単位でタスクを管理する。初めにプロジェクトを設定し、プロジェクトのメンバーを登録する。その後、タスクを登録する。タスクには、タイトル、内容、担当者、締め切りなどを設定することができる。

　Backlogなどのタスク管理サービスは、スプレッドシート等を用いた課題管理表やWBSに対してより高機能になっている。特にプロジェクトの運営において有効な機能として挙げたいのは、タスクごとのコメント機能である。コメント機能を用いることで、そのタスクについての質疑応答や、立ち話レベルの相談や会議の報告、状況の変化などを記録することができる。プロジェクトのメンバーが担当以外のタスクの状況を把握することができる。

プロジェクトの危機

1　プロジェクトの「炎上」

　プロジェクトの期限までに目標を達成することがいちじるしく困難な状況は「炎上」と呼ばれることがある。炎上という言葉はいささか物騒だが、プロジェクトを進めるとはどういうことかを端的に表している。プロジェクトの進捗状況を把握するための手法として、「バーンダウンチャート」（Burn Down Chart）と呼ばれる手法がある。Burn Down は日本語に訳すと「鎮火」である。バーンダウンチャートは、プロジェクトが期日までに目標を達成するために必要とするコスト（作業時間や費用の合計）の推移と計画書からあらかじめ割り出され、準備されている作業時間や費用（まとめてリソースや燃料と呼ばれる）の残量の推移予測を比較するためのツールである。バーンダウンチャート上では、コストは、プロジェクトのある時点まで増加しその後減少に転じる。課題管理表にタスクが更新されるたびに書き直される。リソースは、プロジェクト開始時点で最大となり、期日にゼロになる。バーンダウンチャート上で、ある

時点での目標達成に必要なコストが、その時点でのリソースと大体同じか、下回っている場合、プロジェクトはスムーズに進行していると考えることができる。しかし、必要なコストがリソースに対して大幅に上回った場合、期日までに目標を達成するために必要なリソースは不足しており、期日までに達成するためには、（予定外の）リソースを大量に追加しなければいけない状況にあるとわかる。「炎上」（Burn Up）は、期日までにプロジェクトの目標を達成するために、リソース（燃料）を大量に追加投入し、タスクを燃やし尽くさなければいけない状況のことである。

　なお、本書では、バーンダウンチャートの使用方法について詳細を説明しない。バーンダウンチャートは非常に強力な管理ツールである。しかし、プロジェクトの進め方の全体像を理解できていない初学者が使用すると、プロジェクトの残りリソースが減少していくことがプレッシャーとなり、本来必要なタスクの課題管理表への計上がされにくくなったり、より高い次元での目標達成への意欲が減退し、プロジェクトが矮小化してしまったりするためである。実際には、プロジェクトの初期にはタスクの実行に必要な時間の合計は増加し、後半から減少、プロジェクトの終了時にゼロになる。

　そして、プロジェクトが炎上しプロジェクトの進行が完全にストップしてしまった状態を「座礁」と呼ぶ。座礁は船が浅瀬に乗り上げてしまい、前後に進めない状態になることである。座礁した船は無理に動かすと船底に穴が開いて、そのまま沈没してしまう。

　プロジェクトを座礁させないためには、燃え盛る炎を消し止める必要がある。この作業は、火事に倣って鎮火（もしくは火消し）と呼ばれる。プロジェクトが炎上する原因は様々なものが考えられる。プロジェクトの数だけあると言っても差し支えない。原因のパターンを一般例として次頁に示す。

　中には冗談のようなものもあるが、筆者が見聞きし、体験した範

第4章　プロジェクトの危機　71

＜プロジェクトが炎上する代表的な要因＞
・計画の段階では見えていなかった様々な課題や作業項目
　が新たに（大量に）見つかった。
・作業にかかる時間が当初計画よりも多くて、予定してい
　た期限までに終わらないことがわかった。
・プロジェクトのグループメンバーが突如離脱してしまっ
　た。
・プロジェクトの目標が間違っていたことがわかった。
・プロジェクトの目標が急遽変更された。

囲で、どれも実際に存在したものである。例えば、最後の「目標が急遽変更」されることは、外部要因、例えば競合他社に全く同一のコンセプトの製品を先に発表されてしまった等の事情でしばしば発生する。我々の目に触れないところで、完了できず日の目を見なかったプロジェクトはいくつも存在している。

　原因は様々とはいえ、生じている現象は変わらない。プロジェクトのすべてのタスクが期限までに終わらないということだ。プロジェクトが進むにしたがって、タスクの残り（残タスクとも呼ぶ）は減っていく。残りのタスクがプロジェクトの期限までにゼロになれば、達成度はさておき、プロジェクトとしては完了したことになる。しかしこれは理想論で、プロジェクトを進めていく中で予定していないことが増えるのは特別なことではない。スケジュールを立てる際に、あらかじめ余裕を持った計画を立てることで回避することができる。しかし増える量が事前予測よりも大幅に大きければ、スケジュール通りの進行は著しく難しくなるはずである。また、量が増えなくても、メンバーが抜けて残り作業が減る速度が落ちたり、特定の作業の難易度が高く想定よりも大幅に時間を要すこともあり炎上の要因は多様である。

2 プロジェクトが炎上するタイミング

　プロジェクトが炎上するのは、通常、その中盤から後半にかけてである。これは、筆者の経験によるが、プロジェクトの進行状況と問題に対する危険度の判断基準が関連しているためである。プロジェクトの初期は、リカバリーする時間が多くあることから、問題の影響を小さく見積もりがちになる。

　しかし、プロジェクトの中盤、後半になると、リカバリーする時間が少なくなっていることから危険度を高く判断するようになる。しかし、この危険度に対する判断基準の変化はプロジェクトの進行に対して遅れる傾向がある。そのために気づいたときには手遅れという状況になりやすく要注意である。

3 プロジェクトの鎮火

　通常、炎上したプロジェクトを炎上前の状態に戻すことは難しい。なぜならば、プロジェクトの残り時間は減り続けるためだ。プロジェクトの鎮火＝元の状態に戻すことではないということを最初に理解しておく必要がある。プロジェクトを鎮火するということは原因の究明でなく、原因を除去することである。これは犯人探しではない。犯人を探さない理由は極めて単純で、犯人を見つけても鎮火しないからだ。

　そもそもプロジェクトが炎上するということは、期限までに作業が終わらないということだ。作業が増える原因、減らない原因は様々だが、生じている現象そのものはシンプルだ。人は往々にして原因に着目しそれについて詳しく知りたがる。しかしプロジェクトの炎上の場合、原因がわかったとしても、それを取り除いても鎮火

第 4 章　プロジェクトの危機　73

しない。原因を取り除いても時間は遡らないからである。以下に、
筆者のこれまでの経験からの鎮火作業の基本的な考え方をまとめる。
基本的には（1）状況把握、（2）計画変更、（3）体制見直し、の組み
合わせになる。どれも当たり前のようだが、この当たり前のことが
できていないから炎上するのである。（1）状況把握は、どの場合で
も必ず最初に行う。その結果をもとに（2）計画変更、（3）体制見
直しのどちらか、または両方を行うこととする。

3 - 1　状況把握

　具体的な鎮火作業に入る前に、最初にしなければならないことは、
状況把握である。プロジェクトでの炎上を認識した時点で、作業を
一旦止め、状況を把握するのが第一義である。一刻を争うような時
間がない状況でも、作業を一旦止めることを心得ておく。プロジェ
クトが動いたままにしておくと、結局進んでいる作業、完了した作
業、新たに増えた作業などが入り混じったままの状態が続き、作業
量の把握が困難になる。そして、プロジェクトを止めたら、状況を
一つひとつ確認する。確認をしなければいけないのは、残り作業の
量と作業量が減らない原因である。これらの確認の際には、各メン
バーが把握していること、思っていることを全部出し切ることが重
要になる。故に炎上の際にはそれぞれのメンバーが洗いざらいを話
す必要もある。プロジェクトの他のメンバーのことを気にすること
なく率直に話せる状況を作ることも大切である。

　このような状況を作るには、筆者の経験では、確認作業をプロジ
ェクトのメンバー（含むリーダー、マネージャー）以外の、理想的に
は利害関係がない人が行うことが有効である。なぜならば、作業量
が増えた原因（あるいは減らない原因）が誰かの失敗や能力不足に
起因しているような場合、人はそれを隠そうとしてしまうためであ
る。なお繰り返すが、あくまでもこの作業は、犯人探しをすること

が目的ではない。この状況の確認作業はメンバーの一人ひとりに対する個別ヒアリングで行うことが望ましい[1]。

　作業は、3つの観点で確認する。ひとつ目は、WBSに計上されていない作業項目の存在、2つ目は担当するタスクのそれぞれについての難易度および作業にかかる時間の見積もり、3つ目は不要または本来担当する作業ではないと考えている作業項目の存在である。ヒアリングの担当者は、必ずどんな些細なことでも一旦受け止めWBS等の形にまとめることが大切だ。

　プロジェクトの作業量が減らない原因をヒアリングで引き出すことは、決して容易なことではない。炎上しているプロジェクトの場合、相互に責任転嫁が生じたりするためである。筆者の場合は、まず外部要因と内部要因に分けてみる。外部要因とは、例えば、他のプロジェクトが同じ目標を達成してしまい、目標が失われてしまった、メンバーが何らかのやむを得ない事情でプロジェクトから離脱した、天変地異などによってプロジェクトを推進することが難しい状況になったなどの場合である。企業でのプロジェクトでは業績悪化による予算の大幅縮小などもある。プロジェクトの計画やプロジェクトを推進する取り組みとは直接関係のない原因ともいえる。

　そして内部要因については、各メンバーの担当する作業を遂行するために必要な知識および技術、インセンティブ（得られる利益）の有無を確認する。プロジェクトに限らず、人がやらなければいけない作業に手をつけない原因は、インセンティブがないか、その作業を達成するために必要な技術や知識がない（もしくは不足）かの

1）状況把握を個別に行うのは、手間と時間がかかる作業である。ミーティングなどで一度に終わらせるほうが効率的であるように思われるかもしれない。しかし、筆者のこれまでの経験では、特にプロジェクト初心者の場合、ミーティングによる状況確認は、犯人探しに陥ってしまう危険性が高い。個々人の失敗や間違いと人格をちゃんと分けて扱えるようになるためには、個々人の人格の成長が必要不可欠で、それには時間がかかる。

どちらかに大別されるためである。

3－2　計画変更

　状況把握が終わり、残りの作業量が確定したら、次に行うことは以下の2つの組み合わせである。これらは、基本的には外部との交渉、調整が作業の大部分を占める。PBLに限らず、プロジェクトの計画は、最終的な成果物を受け取る人（プロジェクトを評価する人）が承認する手続きを経て、あらかじめ確定しているはずである。そのため計画の変更は、承認した人との調整が不可欠である。

　また、変更が承認されたら、速やかに計画書の関連箇所をすべて変更し、プロジェクトのメンバーに変更内容を開示する。

■作業の内容を見直す、減らす（含：目標の変更）

　残りのタスクを明確にすることができたら、「プロジェクトの目標を達成するのに必要なタスクは何か」「何が達成されるとプロジェクトは完了したと言えるのか」という最も基本となる観点に立ち戻り、タスクの一つひとつを再度評価する。しかし炎上している場合は、この見直しをしたとしても期限までの達成に向けて困難な量が残っていることが通常である。このような場合、勇気を持って作業の内容を見直して減らす、または躊躇することなく目標を変更することを考えるべきだ。

　目標を変更することでタスクを評価する前提条件が変わり、見直すことが可能になる。

■期限を変更する

　残りのタスクの数を減らす一方で、プロジェクトの期限を変更することも検討する。確実に達成可能な期限を新たに設定できることがベターである。実際は、期限を複数設定し、段階的に完了させる

形にする方法も多くとられる。無論このやり方では、最終成果を受け取る人との交渉が作業の中心になる。多くの場合、交渉担当者は、プロジェクトのメンバーと成果を受け取る人の間で板挟みになって難儀する。

3 - 3　プロジェクトの体制を見直す

　タスクの増減に応じ、プロジェクトに参加するメンバーの規模の調整を要することもある。これには次のパターンがある。

■プロジェクトメンバーの増大を図る

　プロジェクトメンバーを増やして、作業者を増やすというアプローチは、前の2つのアプローチに対して即効性は低い。人が増えればプロジェクトの作業効率がすぐに改善されると思うのが普通である。しかし、筆者の経験上、即効性の期待できる作業は、単純作業に限られると言える。

　プロジェクトメンバーを増やす際に見落とされがちなことがある。それはプロジェクトが進むということは、プロジェクトについての知識が、各メンバーに蓄積されるということである。

　知識の蓄積はコミュニケーションの際の前提知識とも言える。メンバー間の有効なコミュニケーションの創発を加速させる。我々はよく「あれ」、「それ」、「あのとき」「そのとき」という形で、指示代名詞を用い会話を効率化している。これは当事者間で「それ」が何かが共通認識されているから可能になっている。

　実際、新しいメンバーはプロジェクトに参加した時点ではプロジェクトについての知識の蓄積はない。したがって、同じ程度の作業の効率性を発揮するまでには時間を要する。そのため、すでにプロジェクトに取り組んでいる人のレベルにまで知識を引き上げるか、

全員が新メンバーの知識量に戻すかの対応が必要になる[2]。

　上記の状況から、新しいメンバーが知識を身につけている期間は、効率は高まるどころか一時的に下がることもありうる。筆者の数々の経験からも、プロジェクトが遅れているからと言って、単純に人を増やせばよいというわけではないと言える。

　ただし、その一方で新しいメンバーに知識を伝えるということは、それまでプロジェクトメンバーの間では十分に共有されていなかった知識や知見、言語化されていなかった数々のことを、言葉に置き換え、全員で共有する機会になりうる。

　知識が十分に共有されることは、最終的にプロジェクトの効率性の向上と効果増大に寄与することになる可能性もある。コミュニケーションの観点では、メンバーが増えると、作業の分担やコミュニケーションの形が変わることから、それらを見直すことにもつながる。人を増やすことで得られる3つの効果は次の通りである。人を増やすことには長短が存在する。

＜人を増やす場合のメリット＞
1. プロジェクトについての知識の整理の機会にはなる
2. プロジェクトのコミュニケーションのルールの整理および再構築の機会にはなる
3. 担当者の見直しによる最適化も期待できる場合がある

■プロジェクトを小さくする

　作業内容を見直した結果、以前よりも取り組むべき作業が減ることもある。このような場合には、人を減らす、または入れ替える等

2）戻っても最終的には元の水準までであり、回復にかかる時間は最初よりも短くなる。また、もし知識水準を揃える作業を怠ると、新たに参加したメンバーが疎外感を感じたり、人間関係がギクシャクしたりする。

の対応をとることも必要である。

　メンバーの入れ替え、配置転換も一定の効果はある。プロジェクトの作業と担当者のインセンティブ、知識、技術等のミスマッチを解消する最も効果的な方法は、人を思い切って再配置することである。鎮火に向けてインセンティブが鍵になるときは、インセンティブを高めるか、作業に対しより高いインセンティブを認識した人に交代することで解決に導ける。また、技術や知識が不足している場合は、担当者を変えるか、または、アドバイスができる人材を外に求める方法等がある。

4　大学生が鎮火に向け注意すべきこと

　PBL のような大学生のプロジェクトの場合、作業に当てる時間を増やし目標を達成しようと考えることが多いはずである。しかしこれは筆者の経験から最も筋の悪い解決方法と言える。あらゆる手段を講じ、それでも達成ができないならば、プロジェクトとしてはそもそも失敗しているので、その時点で諦める勇気も必要である。また実社会に出ると、期限の変更や人を増やすということも生じうるが、それがプロジェクトの予算に対して影響を及ぼすことを忘れてはいけない。作業時間が増えればその分の人件費もかさむ。学生のうちからそのことを意識するようにしよう。

　さらに繰り返すが、プロジェクトの鎮火をする際は、犯人探しが行われやすいことに注意が必要である。これは、誰もが自分が悪いと言われたくないので、誰かが悪いことにしようとしてしまうためである。これを避けるためには、「プロジェクトが炎上するのは計画が悪いからだ」ということを、鎮火を担当する人が言い続けなければいけない。その際に、計画を立てた人が悪いのではなく、計画をメンテナンスしなかった各メンバーの問題に起因することを自認

しなくてはいけない。

　プロジェクトでは、失敗は個人に帰するものではなく、プロジェクト全体に帰するものと通常考える。端的にいえば、振り返りの中で誰かが作業をしなかったこと、誰かの遅れが原因とわかっても、それに気づかなかった、放置したメンバー達もまた失敗の原因なのである。原因が、難易度の問題であれば、担当の割り振りの問題とも考えられる。手伝いを怠った周囲のメンバーの問題かもしれない。状況の共有がメンバー間でできていなかったとしたら、それは、会議の頻度不足や互いの状況確認のためのコミュニケーション不足ともとらえられる。即ち、プロジェクトメンバー全員で失敗をとらえることが肝要だ。

まとめ

●プロジェクトが炎上したら、まず現状を把握する。

●現状把握は犯人探しではない。（犯人を見つけてもプロジェクトが目標達成できるわけではない）

●炎上したプロジェクトを鎮火させる方法は、目標の変更、体制の見直し、期限の再設定のどれか、もしくはその組み合わせである。

プロジェクトの評価

　プロジェクトが目標を達成した時点、または期日までに完了できず、時間切れになった時点でそのプロジェクトは終わりになる。プロジェクトが終わったらそのプロジェクトの取り組みについて評価をする。本書の冒頭でも述べたように、プロジェクトが上手になるためには「実践」しかない。しかし単に実践すればよいわけでもない。取り組んだプロジェクトの経験を次に活かすためには、そのプロジェクトは、成功だったのか失敗だったのか、その原因は何なのか、なぜそのように判断できるのか、等を検討し理解する必要がある。まさに事後の評価が重要だ。

　プロジェクトの評価には、2つの評価の観点がある。ひとつは、プロジェクトのメンバーが主体的に、取り組みを点検し評価する「内部評価」だ。内部評価は「振り返り」とも呼ばれる[1]。もうひとつがプロジェクトに参加していない人による「外部評価」である。内部評価と外部評価の両立が望ましい。

---

1) 失敗だったプロジェクトに限って、"Post Mortem"（検死）と呼ばれることもある。プロジェクトの死因＝失敗の要因を探るためだ。

1　プロジェクトの成功と失敗

「プロジェクトは成功したのか」という問いは、プロジェクトを評価する上での最大の関心のひとつである。なぜならば、プロジェクトに取り組んだメンバーの全員が、目標を達成し、成功させるために取り組むからである。しかしもう一歩問いを進め、プロジェクトの何がどうなったら成功と言えるのか、何がどうなったら失敗と判断されるのかということを考えると、途端に不安になるものである。「成功したと言ってよいのか？」と自問すると通常は自信がなくなり悩むだろう。

ここでは、まずプロジェクトの成功と失敗、そしてそれらとプロジェクトの目標との関係について考えることにしたい。

再三繰り返すが、プロジェクトは、期限までに目標を達成するための計画を立てて実行することである。だから、期限までに目標が達成できなければ、基本的にはプロジェクトは失敗だ。もし、期限前だったとしても、プロジェクトが座礁し、期限内の目標達成が不可能になったら、あるいはそれ以上進めることができなくなったら、その時点で失敗なのである。

では逆に、期限までに目標さえ達成できれば、成功と言えるのだろうか。実はそうとも言い切れない。プロジェクトが成功したかどうかを判断するためには、目標が達成できたかどうかでなく、目標を達成したことで得られた成果が、プロジェクトの背景にあるビジョンやミッションに貢献できたかどうかを検討する必要がある。なぜなら、プロジェクトに取り組むのはビジョンの実現やミッションの達成のためだからである。目標達成は、あくまでもプロジェクトが成功したと言えるための条件のひとつでしかないのだ。

逆に言えば、プロジェクトが目標を達成できなかった場合でも、

成功と言えるケースがあるということだ。

　例えば、ある薬の製造方法を開発するために、Ａという方法で製造を試みるプロジェクトとＢという方法で製造を試みるプロジェクトが実施されたとしよう。もし、この両方で何らかの技術的な問題が発生して、目標が達成できなかったとしても、その技術的な問題が「新たにわかった」ことになり、それは次の方法の候補を考える手がかりになる。無限にある方法の選択肢が少し狭まったのならば、最終的なミッション（この場合は製造法を完成させること）に貢献したことになる。

　逆にどうしようもない失敗もある。典型的なのはプロジェクトの途中でメンバーが突然プロジェクトへの協力をやめてしまい、人手が足りなくて取り組みが最後まで完了できなかったような場合だ。最悪、ミッションそのものが変わり従前の取り組みが無意味になってしまうようなこともある。

　実際にプロジェクトの成功と失敗は単純に分かれるものでなく、グラデーションのようなものがある。いくつかパターンを見てみよう。

> パターン１：期限までにプロジェクトで取り組む作業がすべて完了したが、目標は達成できなかった。

　これはスポーツの順位目標等、外部要因に左右される場合がまず当てはまる。また、最後までやってみたら、目標が間違っていたことがわかるという場合もある。

> パターン２：期限までに作業が少し残ったが、ある程度目標は達成した。

　期限までに目標が完全に達成されていて、誰から見てもプロジェ

クトは成功、と言えるようなプロジェクトは、現実になかなかない。期限の時点で主要な作業が完了したら、「目標を達成したと言えなくはない」、と全員が合意できる状況がこのパターンだ。

2　外部評価

　外部評価は、プロジェクトの成果を受け取る人がプロジェクトの期限にプロジェクトの目標が達成できたのかどうかを確認する作業である。完全な達成でない場合は、どこまでが達成されたかを確認する。どこまでが達成されたのかを確認する方法は、PBLのような取り組みの場合はポスターや報告書（リポート）、論文等の形式になっているものである。プレゼンテーションやデモンストレーションの場合は、評価者の前での発表、もしくは実際に動いているものを見せ評価してもらうことになる。プロジェクトの目標を設定する時点で、評価の内容と評価の方法も計画書で定義しておく。

　期限が来た時点で達成できなかった場合の取り扱いは、評価者の方針や何らかのルールがあらかじめ設定されているはずである。それに基づいて外部評価をする。PBLなら、リポートでいう「部分点」のようなルールが適用される際は、プロジェクトの計画書であらかじめ設定された作業がどこまでできているか、重要度と達成されている数から外部評価されることになる。重要な作業ができていて、あと少しで達成できるという場合は、期限後にその残り作業項目を完了させることを条件にプロジェクトの達成とみなす場合もしばしばある。なお、外部評価をするにあたって注意すべきことは、評価の方針をプロジェクト開始時点で開示しておくということである。

3 振り返り（内部評価）

　外部評価がプロジェクトに対する成績づけのようなものだとすると、振り返りは自己採点のようなものになる。振り返りは、「プロジェクトに取り組んだ当事者が取り組む過程で得た知識や知見、経験を相互に開示して、確認する機会」と定義づけられる。振り返りは、プロジェクトが成功したかどうかだけを判断する場ではない。人は、一般的に成功事例を参照しようとするものだが、むしろ失敗したことの中から、多くの成功への学びを得ることができる。無論、失敗したプロジェクトを振り返りつつ学びを得ることは、極めてつらい作業ではある。誰もが失敗したことを後から掘り返して考えたくないものだが、内部評価であえてそこに着手するのが、プロジェクトを上手に進めることができる人材になる上での第一歩である。

　プロジェクトを振り返る際に重要なことは、失敗の原因を突きつめて考えることである。次に同じ失敗をしないようにするためには、原因を理解する必要があるからだ。しかし、それは結果だけを見ていても得られない。プロジェクトのメンバーのそれぞれがプロジェクトの過程と結果に対して見ているものは、当然違っているはずである。大切なのは、その見方を統合化し、真の失敗の理由を見いだすことである。それが全プロジェクトメンバーにとっての失敗の意義となる。

　プロジェクトの失敗とは、究極的には「間違った判断」の帰結である。間違った判断とは、情報、知識、技能（技術）や経験のいずれか、もしくはそのいくつかが不足していること、さらにはメンバーの不注意で発生する。プロジェクトは、様々なところに判断するタイミングと、判断を促す仕組みが組み込まれている。ゆえに、プロジェクトの流れを追うことからプロジェクト自体を検証すること

ができる。検証の過程では、「ハインリッヒの法則」を意識すると良い。ハインリッヒの法則は、「1つの重大な災害の影には29件の軽災害があり、さらにその影には、怪我までは至らない程度の事例が300件ある」というハーバート・W・ハインリッヒ（H. W. Heinrich, 1886-1962）が提唱した法則である。

　考え方によっては、プロジェクトの失敗もひとつの災害のようなものである。そのような前提に立てば、ハインリッヒの法則に基づく検証は重要である。私たちは、プロジェクトの失敗を、ひとつの大きな失敗にその原因を求めようとするが、実は様々な小さな失敗の積み重なりや集合が、失敗の原因につながっている。我々は、そのことから決して目を背けてはいけない。

4　振り返りのためのフレームワーク

　プロジェクトを振り返る際、メンバーがやみくもに意見を述べても効果的ではない。ここでは、振り返る際のやり方を紹介する。

4 - 1　計画との差異

　プロジェクトが進むにしたがって、計画と実際の状況に差異が生じる。わかりやすい差異は、スケジュールの遅れである。もうひとつは、計画とのズレである。取り組みを進めた結果、目標が妥当ではないことがわかったり、達成要件の達成が不可能なことがわかったりするといったことはしばしば発生する。

　スケジュールの遅れの場合、プロジェクト全体の達成までに必要な作業時間の見込みの総数がどのように増減したかを可視化することで、検討することができるようになる。

　計画とのズレは、スケジュールとは異なり可視化は容易ではないが、必要な作業時間の増減と計画を見直したタイミングを重ね合わ

せることで検証することができる。

4-2　コミュニケーション

　メンバーのコミュニケーションも振り返りでは重要である。「ミーティングの頻度と内容の充実度」、「プロジェクト進行上のリスクが発生した（認識された）時点から、プロジェクトメンバーに共有されるまでの時間」の2つの観点を押さえておく必要がある。前者は、会議での議事録およびコミュニケーションの頻度（数）で測ることができる。後者についてはプロジェクトメンバーの気づきから対応策の策定まで、その実行から結果までの時間（日数）を測ることを通して明らかになる。

4-3　プロジェクトの可視化

　タスクの増減、計画の見直しのタイミング、コミュニケーションの頻度や意思決定までにかかった時間などの情報は、グラフに可視化することができる。横軸に時間（日付）縦軸にその日の時点での残りタスクの量を示すことで、計画変更のタイミングが妥当だったか、もし妥当ではなかったならば、その理由は何か（気づくのが遅かった、あるいは、意思決定に時間がかかったなど）を検討することができるようになる。

4-4　プロジェクトの振り返りシート

　上記のような定量的な指標に基づく振り返りのほかに、メンバーの成長ぶりも内部評価の指標になる。できるようになったこと、新たに知った（理解した）こと、努力したことなど様々な観点から、メンバーそれぞれが取り組みを振り返る必要がある。その際に勧めるのが振り返りシートである（図8）。振り返りシートを用いてメンバーが相互に評価しあうことで、取り組みへの深い理解が得られる。

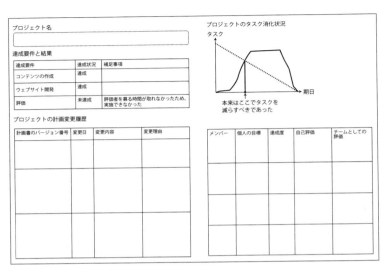

図8 振り返りシート例

プロジェクトの目標達成は重要だが、各メンバーがプロジェクトから何を学んだかも重要だ。

> **まとめ**
> ●プロジェクトが終わったら評価を行う。
> ●評価は、外部評価と内部評価（振り返り）がある。
> ●外部評価は、プロジェクトの目標が達成されたかを問うものである。
> ●内部評価は、プロジェクトを上手に進めることができたかをプロジェクトメンバーが主体的に検討することである。内部評価では、あらかじめ見積もった作業時間と実際との差、課題が発生してから計画を変更するまでにかかった時間などを可視化し検討する。PBLの場合プロジェクトを通じてメンバーが何を学んだかも重要な観点となる。

実例から学ぶプロジェクトの運営

　前章までで、プロジェクトを計画、実行、検証・評価するポイントをまとめてきた。しかし、再三繰り返してきたように理論を学んだだけではプロジェクトをうまく回すことはできない。この章では、筆者が実践したり教育的な指導を行ってきたプロジェクトの実例と運営のポイントを紹介する。読者の皆さんには実例を見て、その行間にあるポイントを学んでほしい。

1　事例①：学生単独のプロジェクトの実例「大学の学園祭」

　ここでは、学生主体のプロジェクトの実例として最適な「大学の学園祭」の事例を見よう。筆者のひとりである西山は、東京都市大学の都市生活学部で秋季のキャンパス学園祭である「等々力祭」の顧問を務めていた。その立場で学部生が学園祭のプロジェクトを進める様子を日々見ていた。それを例に、学生のプロジェクト実例とポイントについて説明する。読者の多くの学部生にも身近な例のはずである。

1 - 1 　開催 10 〜 11 ヶ月前

　等々力祭は、概ね毎年度 11 月初旬の土曜日・日曜日に開催される。その実施後に、すぐ顧問を交えて反省の会議が持たれる。ここでは、徹底的に振り返りを行う。学園祭は、地域、さらには都市へ大学を開放して、様々な人に大学へ来てもらい、大学への親しみを深めてもらう機能を持つ。ゆえに来て下さった人々の視点に立って、当該年度の実行委員会と次の年度の実行委員会の学生が一同に会して、次年度に向けた問題および課題をディスカッションして整理する。プロジェクトを進める上で、こうした先例があるものについては、前回のものをレビューすることが肝要である。それまでの良かった点と悪かった点を整理し、継続的に改善していく姿勢が重要である。表 1 がその整理したものである。

1 - 2 　開催 8 〜 9 ヶ月前

　前年度の学園祭のレビューを行った後は、前年度の良かった点、悪かった点とその改善案に基づいて、次の学園祭のコンセプト、つまり全体を貫く基本的な観点および考え方を立てる。コンセプトを明確にすることに続いて、計画をできるだけ具体的に立案する。いつ何を行うのかを計画に盛り込み、メンバー全員が共有しやすいようにする。図 1 と表 2 のようにコンセプトと計画をまとめる。

　コンセプトを明確にすることは、プロジェクトを進める上で大変重要である。開催される学園祭の全体に貫かれた骨格となる発想や観点は、学園祭の対象である地域住民、さらには幅広い都市生活者へのメッセージにもなる。大学への親しみを感じてもらえるようにする上でも、その原点となる重要な側面を担う。

　表 2 の 2 月から 3 月のところを見ればわかるが、東京都市大学ではこの時期に学園祭のコンセプトと計画を決定する基本方針会議をスプリングキャンプ形式で実施している。また同大学の他キャンパ

第6章　実例から学ぶプロジェクトの運営　　91

表1　前年度に開催した学園祭のレビューの整理

	良かった点	反省点	改善案
準備日 天気：晴れ	・協力し合い素早く行動することで、早く準備を進めることができた。	・作業の場所ごとに終わり時間にばらつきが出た。	・柔軟に対応できる体制を整え、各自臨機応変に対応をできるよう意識を持たせる。
当日1日目 天気：晴れ 当日2日目 天気：晴れ	・大きな怪我や事故なく実施できた。 ・学生ホールをうまく活用することができた。 ・来場者とコミュニケーションを多くとることができた。 ・全体的に盛り上がりを見ることができた。	・禁止事項・注意事項の認識不足が目立った。	・当日のルールの徹底をさらに行う。
		・キャンパスの学生の参加者は多少伸びたが、まだ好ましくない。	・在校生向けの楽しめる企画・イベントを考案し参加を促す。
		・所々で準備不足が目立った。	・何が必要で何が足りないのかを順次確認しながら準備する。
		・他団体や有志の方がシフト通りに来ないトラブルが起こった。	・他団体や有志の方々と密に連絡を取る。またトラブルが発生した際に柔軟に対応できるよう予備を設ける。
		・一部喫煙禁止エリアが利用されていた。	・禁煙場所、喫煙場所の案内をより認識しやすいよう案内板や看板を設置する。
片付け日 天気：晴れ	・大きな事故もなく終わらせることができた。 ・前日の夜に一部の片付けを行えたため、時間短縮ができた。	・本番の2日間が終わったことによる気の緩みが多く見られた。	・まだ等々力祭が終わっていないという意識の徹底をする。
		・ゴミ仕分けや掃除といった点で意識の低さが見られ、無駄な時間を浪費した。	・委員会内で再度説明を実施し、また起こりうる問題も周知させることで意識の徹底を行う。

東京都市大学では良かった点と反省点、それに対する改善案をまとめて次の年度に引き継ぐようにしている。

> 1.「主役は学生」
> 　今まで実行委員会による学園祭として整えてきた体制を2018年度は一変する。
> 　学生を主体に置くことで、それぞれにやりがいを感じてもらえるような体制を作り直し、等々力キャンパスの学内生であることに誇りを持ってもらう。
>
> 2.「等々力祭の中に等々力の街を創る」
> 　その例として、等々力の周辺に店舗を構えている方々と連携する。地域の方々にとって馴染みのあるお店が参加することで、学園祭にも暖かみが増すことが期待される。具体例としては、各店舗の出張店舗として模擬店の出店をお願いする。等々力キャンパスと等々力の街をつなげる。
>
> 3.「ホームカミングデーと等々力祭をより密着にする」
> 例年学園祭と同日開催であるホームカミングデーを、2018年度は校友会と連携して等々力祭が運営をする。私たちが実行することでターゲットの一つであるOB/OGの方々と今の学生をつなげるきっかけを創る。

図1　前年度のレビューを済ませたら、次のプロジェクトのコンセプトを立案して、全メンバーの行動指針とする。これにより明確に計画も立てる事が可能。

スである横浜キャンパスの「横浜祭」が毎年6月の実施のため、そちらのリハーサルにも参加して良い点を吸収する。プロジェクトの実施過程では、類似プロジェクトを参照することも重要である。

1-3　開催4〜7ヶ月前

　年度が変わった4月には、表2のとおり、立案した基本計画について顧問を交えて正式に承認する「事前基本計画会議」を行う。この承認された基本計画に従って、各部門が計画を詳細化する作業を7月まで継続して、「事前詳細計画会議」で顧問を含めた最終決定を行う。大切なことは、プロジェクトの全体の計画を立てて、それに従って各担当部門がそれを詳細化する流れである。プロジェクト

第6章　実例から学ぶプロジェクトの運営　　93

表2　コンセプトを立案して行動計画も立案する

月	時期	日付	行事・会議等	備考
2月	上旬		事前基本計画会議	
	中旬	2月13日	スプリングキャンプ（基本方針会議）	
	下旬			
3月	上旬			
	中旬			
	下旬	3月23-25日	横浜祭　春リハ	
4月	上旬		スプリングフェスティバル	
	中旬		新入生歓迎会	
			事前基本計画会議	
	下旬	4月25日	基本計画会議	
5月	上旬	5月3-5日	横浜祭GWリハ	
	中旬			
	下旬	5月26、27日	横浜祭最終リハ	
6月	上旬			
	中旬	6月9、10日	第22回東京都市大学 横浜祭	
	下旬			
7月	上旬			
	中旬			
	下旬		事前詳細計画会議	
8月	上旬	8月2日	サマーキャンプ（詳細計画会議）	
			オープンキャンパス	
	中旬			
	下旬		夏リハ（教室＆ステージ・キッズ）	
9月	上旬			
	中旬		秋リハ（ステージ）	
			事前実施計画会議	
	下旬	9月26日	実施計画会議	
10月	上旬		最終リハ（教室）	
	中旬		最終リハ（ステージ・キッズ）	
	下旬			
11月	上旬	11月3、4日	第10回東京都市大学等々力祭	
			第89回東京都市大学世田谷祭	
	中旬		事前実施報告会議	
	下旬	11月21日	実施報告会議	
12月	上旬			
	中旬			
	下旬			

リーダーは、その流れがうまくいっているか十分配慮する必要がある。

　等々力祭は全体統括を行う幹部会、インターネット上の公式サイトやパンフレットの制作を行う広報部、模擬店や研究室展示等を担う企画部、物品や備品の管理全般を担う管理部、治安維持を目指す警備本部、そして予算関係を担う会計部が現在設置されている。こうした部門については、作業効率と作業効果を考えて、存廃を常に検討している。プロジェクトの運営では、組織の柔軟性が大切であり、常にその体制を見直す姿勢も重要で、ぜひ意識してもらいたい。

1-4　開催1〜3ヶ月前

　表2を見ればわかるが、この時期は11月の本番に備えて、それまでに詳細化された各部門の計画が実際にうまく動くかをリハーサルで検証する。そして、模擬的に検証へ参加した人々から、問題と

図2　等々力祭のリハーサルの様子。来訪者にしてもらうゲームが安全かを確認しているシーン。計画がうまく動くのか検証するプロセスでは、倫理面で問題がないか、安全かどうかも含めて広い視座をもち評価をして本番に備える。

改善に向けた意見をもらう。これをプロジェクトの「評価」という。リハーサルで、「検証」と「評価」を繰り返しつつ本番に臨む姿勢がプロジェクトでは肝要である（図2）。

1－5 開催当日（11月上旬）

　そして、検証と評価の結果を反映させつつ学園祭の当日を迎えることになる。学園祭当日は運営を行いながら、様々な来訪者の意見等も聞き取って、さらに次の学園祭につなげるように配慮する。学園祭のように、対象が人間であるプロジェクトでは、常に改善を心がける姿勢が大切であり、相手の意見に耳を傾ける姿勢を忘れてはならない。終了後は、翌年の開催に向けて上記の流れを繰り返すことになる。

2　事例②：学生と教職員がコラボレーションするプロジェクトの実例「大学1年生を対象にしたフレッシャーズキャンプ」

　筆者のひとりである西山は、東京都市大学の都市生活学部に所属している。東京・世田谷区にキャンパスを持つ都市生活学部は、従来型の工学に偏った都市研究の反省の上に立って、文系と理系の複合型の研究・教育を推進し、都市生活の質的向上を考える新しい学部である。社会調査法や統計解析法を学び、卒業研究では、まず都市生活者が抱える問題を実際に明らかにする。そして、都市生活の質的向上で重要な「技術・制度・生活者の価値観のバランス」を考えながら修得した空間や製品のデザイン手法で、問題の処方箋を視覚化する。最終的にマーケティングの視座を重視しながら処方箋の検証・評価を行って、都市生活の質的向上に向けた提案を卒業論文で実証的にまとめる。要は、従来の都市工学的な技術志向のトップダウン的なアプローチの逆で、都市生活者の視点に寄り添いつつ、問題解決策をボトムアップでまとめるという取り組みを行っている。

そうした背景のもと、都市生活学部では入学したての学部1年生に「都市での調査とはどういうことか」を体得してもらうことにしている。最近は、手厚い教育環境をアピールし、すぐに学生と教職員が打ち解けられるように、入学式の後、4月〜5月くらいにキャンプを実施する大学が増えている。西山の調査によれば、その大多数はスポーツやハイキングのレクリエーションが大半であり、フィールドワークを取り入れる都市生活学部の活動は独創的であると言えるかもしれない。

この都市生活学部のフレッシャーズキャンプは、2年生以上の学生・教職員のコラボレーション型のプロジェクトとして運営されている。その実際を見よう。

2-1　前年度（キャンプの1年前）の4月

この時期には、ひとつ前の回のフレッシャーズキャンプのレビューを実施する。参加した1年生、お世話役（メンター）の2年生以上の上級生、引率した教員および事務支援を行った職員のそれぞれの観点から評価を行い、引き継ぐべき良い点と改善すべき問題点を明確にして整理する。

都市生活学部では、教職員と上級生で作成した質問紙を用いて、学部1年生にキャンプの帰りのバスの中でレビューを書いてもらう。上級生と教職員らはキャンプの後で、すぐにミーティングを開きレビューを行う。そしてそれぞれのレビューを統合しつつ、次年度はどのような方向性が望ましいかを1年前の4月に決定する。

2-2　前年度の5月〜7月

都市生活学部のフレッシャーズキャンプは、2015年度から2017年度まで、初日は埼玉県の、商業の街として知られる川越市でフィールドワークを行い、ホテルへバスで移動して夜に調査成果報告会

を行うという形式で進めてきた。そして2日目は、学部の背景に基づいて東京・小金井市にある江戸東京たてもの園や、生活用品を造る工場の見学へ行くことにしてきた。2017年度のレビューでは、「川越は小江戸と言われ、キャンパスがある世田谷の等々力からも近く、観光都市の改善を考えるフィールドワークの対象地として良いが、ホテルまでの移動距離が長く調査成果報告会のまとめの時間が短めになる」ことが関係者の双方から問題として指摘された。川越は今や東京近郊の有名観光地になっているが、ホテルの客室総数が少なく我々は秩父方面のホテルまで移動していた。

　これに基づき上級生と教職員、さらには旅行会社の皆さんも交えて「フィールドワークにも適しており、ホテルも近くて、十分に調査成果をまとめる時間を確保できる場所」を1年生の体力や意向、調べやすさ等を考慮して検討した。

　このようにプロジェクトの先に相手がいる際には、その相手の立場（本事例では1年生の体力や意向のような特徴）を熟慮し、進めることも忘れないようにしたい。

　その結果我々は、これまでの川越を離れ、製糸工場が世界遺産に指定され、観光都市の改善を考えるうえでタイムリーであり、大型ホテルも近くにある群馬県の富岡をキャンプの第一候補地にした。過去にキャンプを経験して都市のフィールドワークを多数行っている上級生、都市研究を多数進めてきた我々教員、学生支援を日々行い学生のことを知り尽くす職員、そしてキャンプのプロである旅行会社の合意がとれ、富岡に最終決定した。プロジェクトを進める上では、上記のように関係する人々のいろいろな視座を交え、俯瞰的にプロジェクトの対象をとらえながらコンセプトを合意・決定することが大切である。これがプロジェクトの恩恵を受ける人、その運営を行う人の双方の満足度を高めることになり、ポイントにもなる。

> 「2018年度東京都市大学都市生活学部・フレッシャーズキャンプの
> コンセプト」
> 　新入生がいち早く大学に慣れ、友達を作り、これから都市生活学部
> で勉強する内容を実践的に理解してもらえる場にする。教職員・先輩
> からのアドヴァイスを聞く機会を設けるとともに、世界遺産の富岡製
> 糸場およびその近くにある碓氷鉄道文化村の展示技術を見ながら、技
> 術と都市生活の密接な関連性を学習する。そして、生活者の視点から
> 技術を生み出していくことの大切さを体得してもらう。

　このケースでのコンセプトは、富岡製糸場を念頭にして上のよう
に決定した。

　さらに、大学が指定する新入生1人あたりのキャンプ運営予算に
基づき旅行会社と折衝して、調査成果報告会・レクリエーションの
満足度を最大化できるホテルの確保に至った。この際、旅行会社の
交渉力が効果的に作用し、テレビ等でも有名なホテルを抑えること
ができ、コストパフォーマンスが高いホテルに決めることができた。
プロジェクトで、チーム外との折衝が多くなりそうな場合には、交
渉力やコミュニケーション力が高い人材を見極め、チームの中に入
れることも重要である。経験則であるが、交渉力はプロジェクトで
重要である。

　これにあわせて、西山自ら知り合いの観光バス事業者にバスの手
配を完了させた。

2-3　前年度の8月～9月

　キャンプ当日のフィールドワークの場所、宿泊するホテルとバス
の手配までが終わり、次は実際に富岡で行うフィールドワークの内
容の調整である。まずは、上級生チームと教職員で富岡の街がどう
いう場所なのか、どういう現状にありいかなる問題を抱えているの
か、文献やインターネット等で情報収集を行った。

　そして、8月の下旬までに実際のキャンプの日の計画書をまとめ

た。どのように教員と先輩のメンターが動くか、また、新１年生が
どのように動くかをまとめ、時間の流れ、お金の流れ、人の流れ、
リスクの回避方法（緊急時の連絡先等も含む）をまとめた。大切なこ
とは、プロジェクトを進める上での計画をしっかり立てて、時間の
流れ、お金の流れ、人の流れとリスクの回避方法を誰もがわかりや
すいように明示しておくことである。特に、キャンプでは参加者の
怪我や体調不良等が容易に想像されるわけで、人を対象にしている
以上は様々なリスクや倫理面での配慮を考えて、連絡網や対応方法
を明記しておく必要がある。

　最終的に９月後半には、富岡に出向き、計画に沿ってうまくキャ
ンプが進むのかを検証・評価した。キャンパスがある等々力から富
岡までの観光バスでの移動、富岡製糸場での見学、メンターの先輩
が決めた班ごとのテーマに従った富岡の街のフィールドワーク、宿
泊するホテルでのフィールドワークの結果整理作業、食事や入浴関
係の段取り、翌日の碓氷峠ハイキング、碓氷鉄道文化村の見学およ
び等々力までの観光バス移動まで、一連のキャンプの流れがシステ
ムとしてうまくいくかを時系列的に一つひとつ動かしてみた。プロ
ジェクトを動かすには、綿密に立てた計画がうまく機能するかを事
前テスト（プリテストという）することが肝要である。そして一連
の行動シミュレーションを行い、計画自体に問題がないかを峻別
し、問題があれば計画を修正して実際のプロジェクト運営に反映さ
せることが大切である。計画がしっかり動くかの検証と、参加する
人がミスなくミッションを遂行できるかの評価を行うことも忘れて
はいけない。こうして計画を立て実際にそれが機能するかの確認が
重要である（図3）。

２－４　前年度の10月〜3月

　この段階では、実際に上記の現地視察の結果に基づき、計画を修

図3 フレッシャーズキャンプの宿泊ホテルで事前の様々な検証と評価を行うメンターの学生たち。1年生のときを思い出しつつ上級生として改善を繰り返している。

正することになる。新たに迎える1年生が気持ちよく過ごせるように、その立場に立って計画を見直し、確定させるステージになる。1ヶ月に1度は、定期的にミーティングをもち教職員、先輩メンター、旅行会社、バス会社が一同に会し、一つひとつ問題を解消していく。大切なことはプロジェクトのサーヴィスを受ける対象者の立場で計画を見直し、その運営にあたるすべてのアクターが一同に会し、プロジェクトが、システムとしてうまく動いていくかを徹底議論することである。

2-5 フレッシャーズキャンプの当日

そして、2018年4月6日〜4月7日の1泊2日でフレッシャーズキャンプが開催され、滞り無く終了することができた（図4）。さらに2018年4月26日に反省会を行った。大切なことは、プロジェクトが一通り完了した時点で、時間を置かずに、振り返りを目的にした反省会を実施することである。また、プロジェクトでサーヴィスを受ける側の人間（ここでは1年生）を入れ、プロジェクトがスムーズに継続されるように配慮することである。4月26日の反省

第6章　実例から学ぶプロジェクトの運営　101

図4　東京都市大学都市生活学部の2018年度フレッシャーズキャンプの様子。1日目は、上の写真のように富岡でフィールドワークを行い、下の写真のように夜は宿泊するホテルで富岡を都市生活者にとって魅力的にする戦略を発表する。

会では、教職員、先輩のメンターと1年生が一同に会しプロジェクトである今回のフレッシャーズキャンプを振り返り、それぞれの立場で評価を行い、問題と改善に向けたアイディアを明白にすることができた。サーヴィスを提供する側と受ける側の両視点も重要である。こうして見ると、教職員と学生の協働でも、PDCAサイクルがとても重要である。従前の問題に基づく計画立案（Plan）→計画に基づく事前シミュレーションと実践（Do）→事前シミュレーションと実践のそれぞれの評価（Check）→次の行動に向けた振り返

りと新しい行動（Action）が大切で、皆さんにも押さえてほしい。

3 事例③：プロフェッショナルのプロジェクトの実例 「電動低床フルフラットバスの試作開発」

　筆者のひとりである西山は、永年誰もが利用できるユニヴァーサルデザイン型の乗り物を環境低負荷のエコデザインで試作・開発する研究を実施してきた。

　慶應義塾大学の教員として調査・研究に従事した研究室は、電気自動車研究室であった。研究室の清水浩教授（現在同大学名誉教授）は、乗用車の電気自動車化で名を挙げた権威であった。通常の電気自動車では、エンジンの駆動系をモーター・インヴァーター・電池に切り替え、電動で走るようにする。ところが清水教授の考え方は鉄道に近く、図5のようにモーターをインホイール式にしてホイールの内側に配置し、電池やインヴァーターも床下に配して、結果的に鉄道車輌のように車体のレイアウトを自由に、広く使えるところが長所であった（これを専門的には「集積台車式電気自動車」という）。ゆえに、乗用車だけでなく、大型の集積台車だけを用意し車体をいろいろと用意することで、バスやトラックへも応用できる魅力があり、西山もこの研究に20代後半〜30代前半をささげた。

　清水教授は乗用車の電動化を進めていたが、西山は駆け出しの講師として、専門である大型車輌の電動化に関する研究開発を進めた。高齢社会化の進展とエコロジーへの社会的要求から、電動かつ車内をフルフラットにできる集積台車型の電動バスへの業界からの期待は、2005年頃から次第に高まった。

　このプロジェクトが、これまで挙げた学生が関わる事例と異なるのは、純粋な基礎的研究であることから、大型の研究予算を自分たちで獲得しない限り電動バスの試作はできない点であった（上記の学生のプロジェクトは大学の学費収入で賄うことができる）。ゆえに、

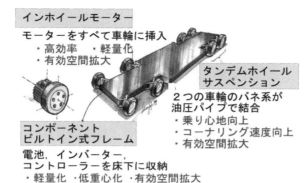

図5　慶應義塾大学・電気自動車研究室で研究していた集積台車型電気自動車の概念図。走行に必要な機器を床下に集積させて車体部分を自由かつ広く使える。

試作開発のプロジェクトは大型の予算を獲得するところから始まった。

3－1　2006年から2009年の予算獲得まで

　研究予算には、国や地方自治体による公的予算と、企業等が支出する民間予算がある。電動バスの研究開発に関しては、事前試算で5億円程度が必要になることがわかり、80％が赤字であるバス事業者や生産台数が1年に5000台程度まで落ち込むバスメーカーの民間予算を獲得することは、事実上難しいと判断した。

　そこで筆者らは、国家予算の獲得を狙うことにした。造りたい集積台車型の電動大型バスの完成イメージや仕様、社会的ニーズや開発の意義等を企画書にまとめて（図6）、西山は実務のリーダーとして、月に2〜3回は霞ヶ関の環境省へ説明に通った。全国のバス事業者にもヒヤリングを重ね、どのような仕様の電動バスが求められるか、徹底的に現場主義で調査を継続した。一般に省庁は、社会的ニーズが高く意義もある内容の公的研究予算プログラムの公募要領

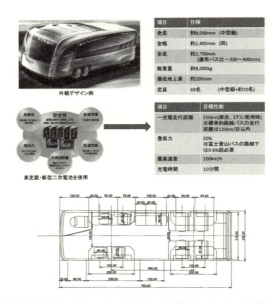

図6 集積台車型電動バスの大型研究予算獲得に向けて作成した企画書の一部。研究大型予算の獲得では、ロビー活動用の企画書類を作成・所持するとよい。

作成の過程では、研究者の意向を聴いてくれる。そこで、懸命にバス事業者のニーズをまとめた企画書をもとに働きかけたところ、他の研究機関からの要望も多くあったようで、運良く2009年度に電動大型バス試作開発の公募が行われた。

これに応募し企画コンペを通過して、めでたく電動バスの開発に着手できた。電動バスの試作開発のように、多くの研究予算を必要とするプロジェクトでは、はじめに、どのように予算を獲得するかの戦略をしっかり立てることが重要である。あわせて、経験則ではあるが企画書に実社会の技術開発ニーズをデータに基づき盛り込むことも、プロジェクト遂行の意義を伝えていく上でとても重要である。

3 - 2　予算獲得後のプロジェクト遂行（2010年まで）

　企画書には、いわゆる5W1Hを盛り込むことが常識であるが、ここで改めて慶應義塾大学を中心機関とした研究体制を構築した。電気自動車はモーター・インヴァーター・電池・タイヤ・車体の製作をはじめ、多くの会社の協働で試作が成立する。造り上げるものは1台の電動バスであり、意思の統一や部門ごとの接続性を図る姿勢がプロジェクトでは重要である。ゆえに西山が、バス車輛の専門家としてプロジェクトマネージャーになり、各部門を横串に、俯瞰的に見る役目を担った。そして研究計画の立案と進捗管理、予算管理をまとめて担当した。さらに週に一度は、全関係機関が集まる定例会議を開き進捗を確認した（図7・8）。

　こうした部門が細かく分かれる大型の研究開発プロジェクトでは、各部門を串刺しにして、予算管理や時間管理ができるプロジェクトマネージャーを配すことがポイントである。それにより、各部門の進捗を俯瞰的に知り、部門ごとの問題解決の迅速化、全体効率の絶え間ない良化を実現することが可能となる。また、各部門が集まる

図7　筆者がプロジェクトマネージャーを務めた電動バス開発の定例会議の様子。研究部門の担当者を統括する立場で、開発全体の時間と予算の管理を行った。

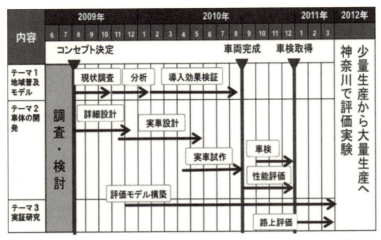

図8 電動バスの開発の進捗管理表の例。状況に応じて詳細の変更を行うこともある。プロジェクトマネージャーは各部門を俯瞰的に見て進捗を適宜管理する。

図9 プロジェクトマネージャーとしては、電動バスの部門毎に俯瞰的なクオリティコントロールを絶えず行い、プロジェクト全体での最適化を具体化させた。上記の画像は、集積台車部分の完成具合をバス事業に適するか評価するシーン。

ような定例会議を頻繁に行うことも実践を推奨する。

　そして西山はプロジェクトマネージャーとして、実際のバス事業を知る立場から、適宜工場に出向いて試作品の品質管理も行った。研究開発では、各部門に俯瞰的なクオリティコントロールができる人材を確保することも重要と言える（図9）。

3－3　2010年の世界初の集積台車型電動バスの試作車完成とお披露目

　上記の行程を経て、2010年には世界初の集積台車型電動バスの試作車が完成した（図10）。完成させて、動作するかの検証、さらには、試乗した人から意見を聴く評価も行い走行データを取得した。プロジェクトの検証と評価は、学生が主体の小さいプロジェクトであっても、国が支援する大型研究プロジェクトであっても、非常に大切なプロセスである。これが、プロジェクト成果の継続的改善につながるからである。また、実社会に問える成果が出たらその広報も行う。これがプロジェクトの継続と拡大のチャンスにつながることが多いため、積極的に行うべきである。

4　プロジェクトの事例の総括

　以上の3つのプロジェクトは、規模も性格も違うが、共通項もある。つまり、それまでの関連プロジェクトの振り返りと改善項目の整理・還元→これから行うプロジェクトの計画の立案（いわゆる5W1Hの検討）→計画の詳細化→試行したもの（試作した製品およびサーヴィス）の検証と評価→実際のプロジェクト遂行（電動バスのような研究開発型では普及戦略の検討になる場合もある）という流れである。これを繰り返すことも頻繁に生じる。あわせて、統括役であるプロジェクトマネージャーの役割の重要性にも触れた。特に、大

図10　西山がプロジェクトマネージャーを務めた集積台車型の電動バス。車内の段差が小さくなり、ユニヴァーサルデザインおよびエコデザインが融合している。また多くのモニターに乗ってもらい検証と評価を行い、成果広報活動も行った。

型のプロジェクトの場合には、多様な部門で構成されるので、プロジェクトの全体を見られて部門間のつなぎ役もできる立場から、プロジェクトの効率的で効果的な運営が可能な人材が必要である。こうしたポイントを押さえつつ読者諸氏もプロジェクト運営にチャレンジしてほしい。

巻末資料

プロジェクトの計画書フォーマット

　本書で説明した、プロジェクトの計画書は、極めて簡易なものである。コミュニケーションや予算についての計画は、プロジェクトの規模が大きくなってくると必要不可欠なものになる。そこで、巻末資料として、筆者が実際に使ってきた大規模なプロジェクトに対応できる計画書のフォーマットを紹介する。

　本フォーマットのオリジナルは山辺真幸氏（慶應義塾大学大学院政策・メディア研究科）が開発したものである。山辺氏の了承のもと、本書巻末資料として掲載する。ここに記して感謝する。

1　計画書をテンプレート化することの重要性

　計画書は、6つのテンプレートで構成されている。なお、計画書とは別に、作業項目のリストやスケジュール表のテンプレートも存在する。これらのテンプレートは、プロジェクトをいろいろな見方でとらえられるように仕向けている。また、各計画書の項目のそれぞれについて決めていくと結果的にプロジェクトとして決めておかなければいけないことが決まるようにもなっている。規模が大きくなると決めなければいけないことは多くなる。テンプレートを利用することで、決めなければいけないことの抜け漏れを抑制することができる。

　プロジェクトを初めて計画する人は、計画書は計画が全部決まってから書くものと思うかもしれない。しかし、実のところ計画書は考えるための道具やコミュニケーションのための手段に近い。本書冒頭の繰り返しになるがプロジェクトは料理と同じようなもので、

大体において、考えておかなければいけないことは同じである。計画書のテンプレートは、プロジェクトとして決めなければいけないことがプロジェクトの中でどのように位置づけられるかを示す。位置づけがわかっていれば、なぜそれを考えなければいけないのか、取り組みがどのような内容になればよいのかが明確になる。そして、先を読んで、早いうちから部分的に決めていくこともできる。さらには、計画の早い段階、それこそ部分的にしか決まっていない段階からでも、書くべき場所が決まっていれば、書き出しておくこともできる。計画書に書かれた計画は、部分的な状態でも、頭の外に出ることで、観察したり検証したりすることができるようになる。頭の中で考えていた際には気づかなかった矛盾や、検討不足の点が目に見えてくるようになる。

2　計画書テンプレート

　計画書のテンプレートは6種類の文書から構成されており、それぞれは関連しあっている。実社会でのプロジェクトにおいては、どれひとつとして不要なものはないが、プロジェクトの性質によって、各計画書の重要度や内容の濃さには違いが出てくる。PBLの場合で考えると、チームへの予算配布がなければ、予算マネジメント計画書は必須ではなくなる。しかし、PBLでメンバーの活動時間を管理し、それを原価として計算するするならば、計画書として作成する必要があるだろう。また、プロジェクトが進む中で、コンテンツ（わかりやすくは撮影した写真等）の制作が伴う場合、知財マネジメント計画書も必要になる。一方で、必須の計画書もある。プロジェクト憲章は、プロジェクトのビジョンと目標を設定するための計画書である。プロジェクトの目標はすべての判断基準となる。プロジェクト憲章がなければ、他の計画書の内容が正しいかどうかを判

断できない。だから、プロジェクト憲章は常に最重要な計画書と位
置づけることができる。

(1) プロジェクト憲章

　採用された提案に基づいたプロジェクトを遂行するための基本条
項をまとめ、プロジェクトの開始前に関係者全員が全体を理解でき
るようにするためのものである。 プロジェクト内で計画、実施さ
れる個々の取り組みは、この憲章によって統括される。また、計画
の変更や修正の可能性が発生した場合に、それらの妥当性やリスク
と効果を見定め、現実的な解決法を探る際の判断基準としても機能
する。

(2) プロジェクトマネジメント計画書

　採用された提案に基づいたプロジェクトを遂行するための基本条
項をまとめ、プロジェクトの開始前にプロジェクトの関係者全員が
プロジェクト全体を理解できるようにするためのものである。

(3) コミュニケーション計画書

　プロジェクトを遂行するためのコミュニケーションルールを策定
する。 計画には、項目別に「誰から誰へ」「いつ」「どういう頻度
で」「どういう情報を」「どういう手段で」というような取り決めを
盛り込み、コミュニケーションロスによるプロジェクトの停滞やメ
ンバー間の理解の齟齬を防ぐ。

(4) 品質マネジメント計画書

　プロジェクトがひとつの段階の終了を迎えるごとに、要求事項、
仕様書、アクセシビリティ、前工程での決定事項に照らし、それら
の要件を満たせているかをチェックする具体的な方法を指示する。

(5)予算マネジメント計画書

プロジェクトにおいて適正な予算執行が行なわれているかをチェックする具体的な予算執行の考え方とルールを提示する。

(6)知財マネジメント計画書

適正な知財の管理と活用のため、プロジェクト推進上発生する各種知的財産の扱い方について具体的な考え方とルールを提示する。

3　計画書の担当者

プロジェクトの大小に関わらず、それぞれの計画書には担当者が設定される。一人の人が複数の計画書の担当を兼ねることもある。

それぞれの計画書は、担当者にとっては、評価の観点となる。

責任者は、プロジェクトが担当する計画書の通りに進んでいるかを常に評価する役割を担う。もし計画書通りに進んでいなければ、プロジェクトの進め方を見直しや、計画書の変更などの対策を取らなければいけない。計画書と担当者がいることで、プロジェクトがうまくいっているのかを把握することができるようになる。

コミュニケーション計画書を例にとって考える。コミュニケーション計画書は、プロジェクトメンバーがどのような手段で情報を共有するか、議論をするか、プロジェクト外のプロジェクトの評価者（PBLであれば担当教員等）と交渉をするかを定める。プロジェクトが始まるとコミュニケーション計画書は、プロジェクトの中でのコミュニケーションがどのように行われているかを評価するための観点となる。担当者は常にこの観点に基づいて、プロジェクトを観察することになる。もしプロジェクトの中のコミュニケーションが計画書通りになっていなければ、何らかの問題が発生しているか、先々問題が発生する可能性を示している。このような場合、実際の

巻末資料　113

> **コラム**
>
> ### PBL での計画書についての補足
>
> 　繰り返しになるが、初めて PBL に取り組む人からなるプロジェクトの場合、ここに挙げた計画書のすべてを満たす必要はない。これは全くの経験則でしかないのだが、規模の小さなものや予算について考える必要がないプロジェクトの場合は、プロジェクト憲章、プロジェクトマネジメント計画書、コミュニケーション計画書の3つが揃っていれば、問題は発生しない。その他の計画書は PBL というよりも、実社会での実務で必要な取り決めのためのものだ。プロジェクトが実際に進んで、必要になった場合に用意すればよいだろう。

コミュニケーションの行われ方と計画書の両方を点検し、方法を改善する必要があれば改善し、計画書の変更が必要になれば、プロジェクトメンバーの合意のもとで変更することになる。

4　テンプレートの改変

　プロジェクトの計画にテンプレートを用いる際、プロジェクトの内容とテンプレートが合わない場合がある。このような場合は、テンプレートを改変して用いる。テンプレートはあくまでも道具の一つに過ぎない。重要なのは、より良い計画書を立案すること、そしてそれを実行し、プロジェクトの目標を達成することである。

（1） プロジェクト憲章

　プロジェクト憲章はプロジェクトを推進するための基本条項をまとめ、プロジェクトの関係者全員がプロジェクト全体を理解できるようにするためのものです。プロジェクト内で計画、実施される個々のプロジェクトやタスクは、このプロジェクト憲章によって統括されます。プロジェクト憲章はプロジェクトの計画を変更する際、その妥当性やリスク、効果の判断基準となります。プロジェクトはプロジェクト憲章に照らし合わせながら、関係者がコミュニケーションを十分に取り、柔軟に変更や修正をしながら進めるものです。

プロジェクト名

クライアント （成果物の評価者）

プロジェクトのビジョン

プロジェクトの目標

プロジェクトの成果物 （達成目標）

プロジェクトマネジメントの基本方針

（書き方の例）
　プロジェクトは全体を統括するマネジメントチームを中心に
5 つのサブプロジェクトに分割し、推進する。
　サブプロジェクトのそれぞれについては、プロジェクトマネ
ジメント計画書において定義する。
　サブプジェクト間のコミュニケーションについては、コミュ
ニケーション計画書において定義する。

プロジェクトの成果物の品質管理の方針

（書き方の例）
　プロジェクトの成果物は、品質マネジメント計画書に基づい
て評価する。
　プロジェクト、およびサブプロジェクトの成果物はコミュニ
ケーションマネジメント計画書に基づいて取り扱う。
　プロジェクト、およびサブプロジェクトの成果物の知的財産
権については、知財マネジメント計画書に基づいて取り扱う。

プロジェクトの変更事項の管理の方針

（書き方の例）
　プロジェクトの進捗および、プロジェクトの外部状況の変化
等により、計画変更の必要性が発生した場合は、コミュニケー
ションマネジメント計画書に定められた手続きに基づき、計画
変更を行う。

スケジュール表

別紙

（2）プロジェクトマネジメント計画書（全体）

　プロジェクトマネジメント計画書は、採用された提案に基づいたプロジェクトを遂行するための基本的な事柄をまとめます。プロジェクトの目標、達成事項、成果物、プロジェクトを推進するうえで必要だがプロジェクトには直接的には寄与しない事項を定義します。

プロジェクト名

プロジェクトのビジョン

プロジェクトの目標

プロジェクトの達成要件

プロジェクトの成果物（スコープ）

プロジェクトの構成

　（例）
　1. 基盤技術の開発
　　（ア）前提条件
　　（イ）最終成果物提出日：令和3年3月24日（提出には書類
　　　　　等が含まれる
　　（ウ）制約条件
　　（エ）最終成果物

（オ）報告書……1式
2.〇〇〇の開発
（ア）
（イ）
（ウ）…………

プロジェクトの主要なマイルストーン（進捗状況を測る目安となる達成点）

（例）
・仕様書の確定（〇月 × 日）
・アルファ版のテストの開始（〇月 × 日）

プロジェクトの成果には含まれない取り組み（スコープ外作業）

（例）
・プロジェクト科目の履修申告
・昨年度履修者へのヒアリング（アドバイスをもらう）

プロジェクト体制

コミュニケーション計画書を参照

プロジェクトの管理

（書き方の例）
　サブプロジェクト間のコミュニケーションについては、コミュニケーション計画書を参照する。
　品質管理の方針は、サブプロジェクト毎に定義する。

プロジェクトスケジュール表

別紙参照

(3) コミュニケーション計画書

　コミュニケーション計画書はプロジェクトを遂行するためのコミュニケーションの手段とルールを策定します。項目毎に「誰から誰へ」「いつ」「どういう頻度で」「どういう情報を」「どういう手段で」というような取り決めを盛り込むことで、コミュニケーションロスによるプロジェクトの停滞やメンバー間の理解の齟齬を防ぎます。

プロジェクト名：

クライアント（成果物の評価者）

コミュニケーション項目

　（例）
　プロジェクトドキュメント
　　　　各種計画書
　　　　仕様書
　コミュニケーションドキュメント
　　　　打ち合わせ議事録
　　　　打ち合わせアジェンダ
　　　　要望管理表（取り組みの中で出てきた作業項目）
　　　　メディア授受管理表
　成果物
　　　　システムソフトウェア
　　　　報告書
　　　　作品

巻末資料　119

連絡窓口、コミュニケーション責任者

クライアント
　担当者：○○　○○
　決裁者（計画承認者）：○○　○○

プロジェクトチーム（全体）：○○　○○
サブプロジェクト：○○　○○
サブプロジェクト：○○　○○

コミュニケーションのルール

（書き方の例）
●プロジェクトドキュメント
　●閲覧者は、プロジェクト（全体）責任者、サブプロジェクト責任者とする。更新は随時とする。
●コミュニケーションドキュメント、メディア（いずれの項目も設定したメーリングリスト上での送受とする。）
　●打ち合わせ議事録：メール
　●打ち合わせアジェンダ：メール
　●要望管理表：XLS
　●メディアの授受：メディア授受管理表
●頻度
　○打ち合わせ議事録
　　□打ち合わせ後 2 営業日以内に提出する。打ち合せ出席者は提出後 4 日以内に確認する。
　○打ち合わせアジェンダ
　　□打ち合わせ前に内容をメールで送付する。
　○要望管理表
　　□発生した要望は、コミュニケーション責任者が管理表に追加する。ただし、デザインレビューやシステムレビューなどレビュー直後の要望の取りまとめ、管理表への追加については、個別の連絡窓口担当者に依頼する場合がある。

（4）品質マネジメント計画書

　品質マネジメント計画書はプロジェクトがひとつの段階の完了を迎える度に、ビジョン、目標、達成要件、前工程での決定事項に照らし合わせ、必要な要件を満たせているかを確認する具体的な方法を指示します。

プロジェクト名：

品質マネジメント体制

　プロジェクト全体：○○　○○
　サブプロジェクト：○○　○○
　サブプロジェクト：○○　○○

品質マネジメントの考え方

　（書き方の例）
　プロジェクトの成果物の品質を確保するためには、最終成果物のテストによる品質チェックに頼るのではなく、ビジョン、目標、達成要件、コンテンツ制作、デザイン、システム開発など、プロジェクトの各段階において品質を検証し、その段階において改善や修正を行なうことが重要です。また、品質の確保だけではなく、スケジュールの遅延を防ぐためにも、各段階での成果物品質を十分に高め、検証し、次の段階へ進むことが重要です。

巻末資料　121

品質マネジメントチームの役割と責任

（例）

　各段階における主要な要素成果物の品質面での制作基準を協議し策定する。

　品質レビューを行う。

　品質レビュー後、要改善事項を取りまとめ報告する。

　要改善事項の改善取り組みをモニターし、完了したことを報告する。

品質マネジメントの方法

（例）

　別途定義するスケジュールに基づき、成果物に対して検収を行なう。

　検収は成果物の内容が要求事項や仕様を満たしているかどうかを検査する。

　検収後、本開発と平行して、別途開催される技術検討委員会において、内容を検証し、開発者へのフィードバックを行なう。

　フィードバックは、コミュニケーションマネジメント計画書において規定される「コミュニケーション管理責任者（全体）」がとりまとめ、要望管理表で管理する。

　フィードバックは、次の開発フェーズにおいて、品質管理責任者の判断、および開発者と協議の上で必須の項目については反映させる。必須ではないが、重要と判断されたものは、開発成果ドキュメントにおいて説明する。

（外部の基準が設定されている例）
環境省ウェブサイト作成ガイドライン（第2版）に基づいて制作する。等

（5）予算マネジメント計画書

　予算マネジメント計画書はプロジェクトにおいて適正な予算執行が行なわれているかをチェックする具体的な予算執行の考え方とルールを提示します。

プロジェクト名

予算マネジメント対象費目

- 外注
- 交通費
- ……

予算マネジメントの考え方

　（書き方の例）
適正な予算執行を行うにあたって、収支報告書の確認に頼るのではなく、購入の起案、業者選定、発注、納品、検収の各段階において適正な判断が行われることが重要です。そのためには、判断の根拠資料を適切な形で保存することが必要です。

予算マネジメントの方法

（書き方の例）

人件費、旅費は、それぞれの機関の規定に基づいて執行する。

アルバイト、および謝金は、予算費目上人件費には含まないが、機関の規定に基づいて執行する。

機材等の購入は、三社見積を原則とし、三社見積が不可能な場合は、理由書を作成する。

購入した物品は本事業以外での使用を認めない。

再委託の再委託は認めない。

予算マネジメント体制

プロジェクト全体：〇〇　〇〇

サブプロジェクト：〇〇　〇〇

予算マネジメントチームの役割と責任

（書き方の例）

帳簿の管理を行なう。

購入等に際して発生した書類を保存・管理する。

管理方法

（書き方の例）

委託・再委託先毎にファイルを作成し、予算執行に際して発生した書類を保存する。

（6）知財マネジメント計画書

　知財マネジメント計画書は、適正な知財の管理と活用を行うため、プロジェクト推進上発生する各種知的財産の扱い方について具体的な考え方とルールを提示します。

プロジェクト名

知財マネジメントの考え方

　（書き方の例）
プロジェクトが推進すると、ソフトウェアやプログラム、各種の文章や図表、あるいは、知見や発見、ノウハウ等が生じます。本プロジェクトでは、原則として、これら全てを知的財産とみなし、その権利は発明者もしくは創作者に帰属するものとし、プロジェクトのメンバーは、相互に尊重しあうことを求めます。

知的財産項目

　（書き方の例）
対象
●　発明，発見、ノウハウ、意匠、著作物
媒体
●　論文、報告書等の文書
●　デザインスケッチ
●　アルゴリズム
●　ソフトウェア、プログラム等

巻末資料　　125

知財マネジメント体制

プロジェクト全体：○○　○○

知財マネジメントチームの役割と責任

（書き方の例）
プロジェクト推進上発生する発明、発見、ノウハウおよび著作
物等を保存し、適切な成果化を指導する。
サブプロジェクト毎に管理する。

常盤 拓司（ときわ たくじ）

慶應義塾大学大学院政策・メディア研究科特任准教授。
1973年生まれ。2001年慶應義塾大学大学院政策・メディア研究科修士課程修了。2007年同博士課程退学。産業技術総合研究所特別研究員、日本科学未来館科学技術スペシャリスト、東京大学大学院新領域創成科学研究科産学官連携研究員、同工学系研究科特別研究員、公立はこだて未来大学CREST研究員、合同会社アライアンス・ポート研究開発担当ディレクター、慶應義塾大学大学院システムマネジメント研究科特任講師、同大学院政策・メディア研究科特任講師を経て現職。科学コミュニケーションに関する企画設計・実施、研究開発プロジェクトのマネジメント、コンテンツ管理システムの開発などに携わる。Association for Computing Machinery、ヒューマンインタフェース学会、日本画像学会各会員。

西山 敏樹（にしやま としき）

東京都市大学都市生活学部・大学院環境情報学研究科准教授。
1976年生まれ。慶應義塾大学総合政策学部卒業、同大学大学院政策・メディア研究科後期博士課程修了。2003年博士（政策・メディア）。慶應義塾大学大学院政策・メディア研究科特別研究専任講師、同大学医学部特任准教授、同大学院システムデザイン・マネジメント研究科特任准教授を経て現職。慶應義塾大学SFC研究所上席所員、日本イノベーション融合学会専務理事、ヒューマンインタフェース学会評議員なども務める。専門領域は、ユニバーサルデザイン、モビリティデザイン。車輌開発に関する大型プロジェクトを多数経験。

大学1年生からのプロジェクト学習の始めかた

2019年11月30日　初版第1刷発行

著　　者────常盤拓司・西山敏樹
発行者────依田俊之
発行所────慶應義塾大学出版会株式会社
　　　　　　〒108-8346　東京都港区三田2-19-30
　　　　　　TEL〔編集部〕03-3451-0931
　　　　　　　　〔営業部〕03-3451-3584〈ご注文〉
　　　　　　　　　〃　　　03-3451-6926
　　　　　　FAX　〔営業部〕03-3451-3122
　　　　　　振替　00190-8-155497
　　　　　　http://www.keio-up.co.jp/
装　　丁────土屋　光
組　　版────株式会社ステラ
印刷・製本────中央精版印刷株式会社
カバー印刷────株式会社太平印刷社

© 2019　Takuji Tokiwa, Toshiki Nishiyama
Printed in Japan　ISBN 978-4-7664-2636-6

慶應義塾大学出版会

アカデミック・スキルズ
実地調査入門
―社会調査の第一歩

慶應義塾大学教養研究センター監修／西山敏樹・常盤拓司・鈴木亮子著　はじめて社会調査を行う学生を対象に、調査の計画・実施とデータ分析の基礎について、事例を交えながら説明。データの収集法や分析法はもちろん、成果をレポートやプレゼンテーションにまとめる際のポイントまで解説した入門書。

◎1,600円

大学1年生からの研究の始めかた

西山敏樹著　これから研究をはじめる大学生に、研究とは何かを考えさせ、自ら研究を進めるためのプロセスを、豊富な事例とともにやさしく解説。主体的に学び、目標を達成しようとする姿勢を身に付けるための1冊。

◎1,400円

表示価格は刊行時の本体価格（税別）です。